Devenir Riche En 42 Jours:
La Méthode Pas-à-Pas Pour Gagner De L'Argent Sur Internet Et Vivre Ses Rêves En Partant De Rien

TABLE DES MATIÈRES

I- INTRODUCTION.

Imaginez un peu...

...Ne plus avoir de patron sur le dos.

...Etre devenu totalement indépendant financièrement, et ne plus jamais avoir peur de manquer d'argent pour payer vos factures.

...Avoir plus de temps pour vous, vos proches et vos passions.

...Pouvoir enfin vivre vos rêves au lieu de juste les rêver.

C'est désormais possible en travaillant sur Internet.

Et les avantages de travailler sur le web ne s'arrêtent pas là.

Vous allez également obtenir ce que même la rémunération d'un excellent salaire d'employé de bureau ne pourrait pas vous offrir : **le luxe de l'indépendance géographique**.

L'objectif de cette méthode est de vous donner un plan «clé en main» pour acquérir votre indépendance financière en travaillant sur Internet, de n'importe où dans le monde.

Les stratégies que vous allez découvrir fonctionnent réellement et sont celles que j'utilise depuis longtemps pour gagner ma vie sur Internet, bien mieux que ce que je ne pouvais espérer dans mon ancienne activité salariée d'ingénieur informatique, puis de responsable marketing.

La différence c'est qu'en plus maintenant, je suis libre de vivre mes rêves et de voyager partout dans le monde.

De nombreuses personnes l'ont fait. Je l'ai fait. C'est maintenant à votre tour de le faire.

Et c'est possible en seulement 42 jours. Alors Action !

II- CHOISIR VOTRE MARCHÉ DE NICHE (7 JOURS).

II.1- Le Processus Contrarien.

Dans un processus classique de création d'un produit, on crée d'abord le produit, puis on le «pousse» vers le client en espérant qu'il l'achète si par chance son besoin venait à correspondre en totalité ou en partie avec le produit qu'on a créé.

Une telle stratégie est très limitée car elle se centre sur le produit et pas sur le besoin réel du client, et vous n'êtes pas sûr que votre produit se vendra et intéressera quelqu'un.

Le processus contrarien en revanche fait l'opposé du processus classique.

Il va d'abord déterminer un marché de niche dans lequel les gens ont un réel besoin, pour ensuite créer un produit qui va correspondre exactement au besoin que les gens ont et qui va leur apporter la solution parfaite.

Cette stratégie est beaucoup plus payante et vous assure que votre produit se vendra sans avoir à croiser les doigts, car il répondra aux questions et résoudra les problèmes que les gens ont vraiment.

C'est donc ce processus contrarien que vous allez vouloir utiliser pour créer votre produit.

Partir du besoin des gens, créer le produit qui répond exactement à ce besoin, et vendre ce produit en étant sûr qu'il va se vendre comme des petits pains.

II.2- Les Deux Conditions Indispensables Pour Choisir Votre Niche.

Avant de créer votre produit, il va vous falloir trouver un marché de niche dans lequel créer ce dernier, et surtout choisir une niche qui va être rentable.

D'où l'importance de bien choisir votre marché de niche. Si vous le choisissez mal, tous les efforts que vous aurez passés à créer votre produit risqueraient d'être vains car celui-ci ne se vendra pas du tout ou trop peu pour vous assurer des rentrées d'argent suffisantes.

C'est pour cela que pour être rentable, le marché de niche que vous allez choisir doit absolument réunir les deux conditions suivantes.

II.2.a- Choisir un marché de niche affamé.

La **première condition**, c'est de **choisir un marché de niche affamé**, c'est-à-dire dans lequel il y a un groupe de personnes ayant un besoin, un problème commun qu'ils voudraient à tout prix résoudre.

Un peu comme des lions affamés manquant furieusement de nourriture et attendant qu'on leur jette un bon gros morceau de viande.

Vous allez donc chercher à cibler un ensemble de personnes qui ont un besoin spécifique commun, un problème auquel ils veulent à tout prix trouver une solution.

Plus ce problème sera important, plus votre produit qui leur apportera la solution sera recherché, et plus vous pourrez ainsi le vendre cher.

On peut classer les problèmes en deux catégories principales :

Les Problèmes Majeurs.

Ce sont tous les problèmes qui empoisonnent la vie de vos clients et qui leur «pourrissent» la vie.

Parmi les problèmes majeurs on trouve les problèmes de surendettement, les problèmes de couple, les problèmes de poids, les problèmes de santé, les problèmes de tabagisme etc.

Les produits qui résolvent ce genre de problèmes changent littéralement la vie de vos clients, qui pour le coup sont prêts à payer très cher.

Ces types de produits sont donc de loin les plus rentables, mais en revanche vous devrez faire face à une concurrence très rude.

Les Problèmes Secondaires.

Ce sont les problèmes moins importants à résoudre et qui sont liés à un désir secondaire.

Par exemple : apprendre à nager, jouer du piano, utiliser un logiciel de design etc.

C'est avec ce type de produits que je vous conseille de démarrer si vous débutez.

Ces produits sont moins rentables que ceux qui répondent à un problème majeur, mais vous pourrez distancer beaucoup plus facilement vos concurrents si votre marketing est bien conçu.

La création d'un produit sera aussi beaucoup plus simple pour vous. Il vous suffit de prendre un thème que vous aimez ou que vous maîtrisez (jouer du piano, utiliser un logiciel de retouche photo, entretenir un potager etc.), et vous n'aurez pas forcément besoin de vous documenter beaucoup pour créer un produit de qualité.

Par ailleurs, je vous conseille vivement de trouver un problème qui n'est pas lié à un effet de mode passager mais qui restera toujours vrai sur le long terme.

Ça vous assurera que votre produit se vendra toujours aussi bien dans cinq ou dix ans car le besoin sera toujours existant.

En effet, vous avez plus de chances de vendre longtemps une méthode pour apprendre la guitare plutôt qu'une méthode pour comprendre les dernières fonctionnalités de l'Iphone 6.

La première méthode ne se démodera jamais et vous continuerez à la vendre même dans trente ans, alors que la deuxième sera obsolète au bout de six mois et vous ne vendrez alors presque plus rien.

Ce que je vous recommande de faire avant de continuer, c'est de lister une vingtaine de vos propres problèmes et désirs, et en particulier ceux auxquels vous avez trouvé une solution ou que vous avez comblés.

Ces vingt problèmes devront maintenant passer le deuxième filtre, c'est-à-dire satisfaire la deuxième condition d'un marché de niche rentable.

II.2.b- Choisir un marché de niche suffisamment grand.

La **deuxième condition** d'un marché de niche rentable est de vous assurer que **votre marché de niche est suffisamment grand**.

Il faut en effet que le groupe de personnes ayant le problème que votre produit va résoudre soit suffisamment important pour vous assurer un volume de ventes conséquent.

Si votre produit résout le problème que seul un groupe minuscule de dix personnes a, vous n'allez pas espérer gagner beaucoup avec ça.

Au mieux vous aurez fait dix ventes, en considérant que vous n'avez aucun concurrent qui aurait également vendu son produit avant vous au groupe de dix personnes.

En revanche, si votre produit résout le problème de dix mille ou cent mille personnes, alors vous augmentez largement les possibilités de faire un gros volume de ventes. Même si il y a de la concurrence, il y a de fortes chances qu'il y ait à manger pour tout le monde.

Un bon moyen pour savoir si un marché de niche est suffisamment grand est d'utiliser l'outil gratuit Keyword Planner de Google Adwords (https://adwords.google.fr/KeywordPlanner).

Cet outil va vous permettre de connaître le nombre mensuel de fois où les internautes vont rechercher un mot-clé ou une expression sur Google.

Vous pouvez cibler cette recherche sur le monde entier, sur un seul pays, une ville donnée ou même une langue donnée.

L'outil vous donne aussi pour chaque mot-clé et expression une idée de la concurrence (une colonne indique si la concurrence est faible, moyenne ou forte).

L'idéal est bien entendu de trouver des mots-clés que les internautes cherchent beaucoup et qui n'ont pas ou très peu de compétition.

Cela dit, ces «pépites» d'or sont très rares à dénicher.

Vous pourrez donc vous contenter de trouver des mots-clés ou expressions qui sont très recherchés et où la concurrence est moyenne.

En utilisant Keyword Planner, comparez maintenant les mots-clés liés aux idées de produits que vous avez listés précédemment.

Choisissez les idées de produits ayant le plus de recherches mensuelles et le moins de concurrence.

Un nombre de recherches mensuelles commence à devenir intéressant à partir de plusieurs milliers, idéalement à partir de 8000-10000.

Si les recherches sont inférieures à 1000, réfléchissez bien avant de vous engager sur cette idée là. Rappelons-le, le but pour vous est de vendre beaucoup et sur le long terme.

Un autre bon moyen complémentaire pour vous assurer que votre idée de produit n'est pas qu'un effet de mode et que le besoin sera durable consiste à utiliser l'outil Google Trends (https://www.google.fr/trends/).

Cet outil vous permet d'avoir un historique du nombre de recherches effectuées sur un mot-clé donné.

Vous pouvez ainsi voir si le thème est constant ou progresse dans le temps ou bien si il est lié à un effet de mode éphémère qui ne durera pas ou qui décroît.

Si vous avez bien effectué les étapes précédentes, vous devriez avoir trouvé un ou plusieurs marchés de niche rentables.

Vous avez maintenant une ou plusieurs idées de produits qui vont répondre à un besoin réel de vos clients, et ce besoin touche un nombre suffisamment grand de personnes pour vous assurer un volume de vente important.

Par ailleurs, la concurrence ne devrait pas être trop rude et vous allez pouvoir vendre ces produits pendant de nombreuses années puisqu'ils ne dépendent pas d'un effet de mode temporaire.

Nous allons maintenant voir comment créer votre produit.

III- CRÉER VOTRE PRODUIT (14 JOURS).

III.1- Choix Du Bon Format De Produit.

La première chose à penser avant de créer votre produit est de **choisir un produit** qui soit à la fois **reproductible rapidement**, et avec **un coût de fabrication minimum**.

III.1.a- Un produit qui soit reproductible rapidement.

Toute entreprise, même une entreprise individuelle du type auto-entrepreneur possède trois domaines d'activités bien distincts : l'exécution, le management, et le leadership.

L'exécution est la réalisation des missions et tâches quotidiennes liées à votre activité. C'est votre cœur de métier : changer des disjoncteurs pour un électricien, programmer des logiciels pour un développeur, écrire des articles pour un blogueur.

Le management est l'organisation et la planification de ces missions et tâches.

Enfin, le leadership est tout le travail stratégique réalisé pour développer votre business et votre chiffre d'affaires (nouveaux produits ou services, nouveaux canaux de distribution, optimisation du business qui existe déjà etc.).

Pour vraiment se développer, il faut donc minimiser au maximum le temps passé à l'exécution, pour se concentrer sur le management et le leadership.

D'où l'importance d'avoir un produit qui soit reproductible rapidement, pour passer un minimum de temps à l'exécution.

Ceci n'est par exemple pas le cas si vous vendez disons des lampes industrielles artisanales dont chaque lampe vous prend deux heures à réaliser. En considérant que vous travaillez huit heures par jour, vous savez d'avance que vous ne pourrez en vendre que quatre par jour maximum, ce qui limite votre chiffre d'affaire. De plus, il ne vous reste plus de temps pour le management et le leadership : votre business ne peut plus évoluer.

C'est la même chose si vous faîtes de la prestation de services. Un électricien qui a dix rendez-vous par jour ne peut pas en planifier d'autres, il n'a matériellement pas le temps. Son chiffre d'affaire ne peut alors s'agrandir, et il n'a pas le temps de réfléchir à la stratégie de développement de son affaire.

En revanche, si une partie de l'exécution des lampes industrielles est sous-traitée ou si l'électricien embauche un employé, il y aura alors plus de temps pour se consacrer au management et au leadership.

C'est pour cela qu'il vous faut un produit idéalement reproductible à l'infini instantanément.

Dans ce cas votre business n'a plus de limites et vous pouvez vous concentrer autant que vous voulez au management et au leadership, et vous pouvez vendre autant d'exemplaires que vous avez de clients.

III.1.b- Un produit avec un coût de fabrication minimum.

Il semble assez évident que moins votre produit sera cher en coûts de fabrication et plus vous pourrez réaliser une marge importante.

Idéalement, vous chercherez à avoir un produit qui ne vous coûte rien ou presque rien à produire ou à reproduire, et le vendre à un prix public au moins dix fois supérieur à ce que cela vous coûte à produire.

De cette manière, vous aurez une liberté d'action suffisante pour investir en publicité et dégager des bénéfices, mêmes dans des domaines concurrentiels.

Par exemple, si votre produit ne vous coûte ne serait-ce qu'un euro à produire et que vous le vendez 37€, cela vous laisse une marge de manœuvre formidable pour dépenser plusieurs dizaines d'euros en publicité pour obtenir un client.

Acheter autant de publicité vous donne la garantie de vendre très facilement votre produit, sans même avoir optimisé votre page de vente ou vos annonces (nous verrons cela en détail dans les chapitres suivants).

Ainsi, il existe un format de produits qui possédant l'ensemble de ces bénéfices : être reproductible rapidement et avec un coût de fabrication minimal.

Il s'agit des produits digitaux.

Ils sont en effet reproductibles à l'infini instantanément, ce qui vous laisse tout le temps nécessaire pour vous concentrer sur le management et le leadership.

Ils ont un coût de fabrication nul, ce qui permet d'avoir la marge de bénéfice la plus grande possible.

Par produits digitaux on entend : livres numériques ou ebooks, produits vidéos (par exemple au format mp4), produits audio (par exemple au format mp3), applications web, formations en ligne dans une zone membres, logiciels, applications smartphones, plugins etc.

C'est vers ce format de produits (les produits digitaux) que je vous conseille vivement de vous tourner.

Reprenez maintenant l'idée de produit que vous avez trouvée dans le chapitre précédent et choisissez le format digital que vous allez utiliser pour créer votre produit.

Si vous ne voulez absolument pas du format digital, vous pouvez aussi vous rabattre vers des supports physiques comme des livres papier ou des DVD.

Quitte à choisir entre les deux, je vous conseille le support DVD. Il demande beaucoup moins de temps à réaliser qu'un livre papier, ne coûte presque rien à produire (compter environ un euro pour la boîte, la jaquette et le film plastique), et a une valeur perçue bien plus importante qu'un livre. Il peut donc être vendu plus cher qu'un livre.

Nous allons maintenant voir les différentes méthodologies pour créer votre produit selon le format que vous avez choisi ici. Nous allons commencer par les produits digitaux et voir comment créer un livre numérique, un produit vidéo, un produit audio, une application web, une formation en ligne, puis les autres types de produits digitaux.

Ensuite, nous verrons les étapes supplémentaires à réaliser pour mettre votre produit digital sur un support physique de type papier ou CD/DVD.

III.2- Comment Créer Un Livre Numérique.

Cassons un peu le mythe du livre numérique : vous n'avez pas besoin d'être un as de la rédaction pour faire un livre de qualité.

Vous pouvez y arriver en étant comme vous êtes, avec le savoir que vous avez dès maintenant. Et si vous doutez de vos capacités, rappelez-vous que les best sellers ne sont pas forcément les livres les mieux écrits.

Nous allons d'abord voir la taille que doit faire votre livre numérique, puis le temps qu'il faut compter pour le réaliser.

Ensuite, vous verrez une méthode en sept étapes pour réaliser votre livre en perdant un minimum de temps et en maximisant la qualité de votre contenu.

III.2.a- Taille de votre livre numérique.

La taille d'un livre numérique est variable.

Dans notre cas, le livre va être orienté pratique, c'est-à-dire qu'il va apporter une solution à un problème qu'ont vos clients. En ce sens, la taille de votre livre n'a pas vraiment de signification, puisque vos clients vont juger votre livre sur sa capacité à solutionner leur problème, et non sur sa longueur.

D'ailleurs, beaucoup de gens vont préférer un livre court qui apporte la solution clairement, plutôt qu'un livre très long mais brouillon où ils perdent leur temps à lire entre les lignes.

Ainsi, un nombre de pages intéressant pour votre livre est entre 80 à 150 pages, mais il peut très bien en faire 50 ou même 40 si votre contenu apporte la solution efficacement.

Un livre pratique de plus de 200 pages commence à faire long. Rappelez-vous que les gens vont aussi choisir votre livre parce que ça leur fait gagner du temps et qu'ils n'ont pas le temps de faire une recherche sur le problème en question. Ce n'est donc pas leur rendre service que de faire de la prose inutilement.

III.2.b-Temps pour écrire votre livre numérique.

Le temps d'écriture est lui aussi variable.

Vous pouvez facilement écrire un livre numérique en une semaine à dix jours en vous y mettant tous les jours à plein temps.

Vous pouvez aussi mettre quatre fois plus de temps à écrire ce même livre si vous n'écrivez qu'un quart d'heure par jour au lieu d'une heure.

Ou vous pouvez aussi opter pour sortir un livre tous les trois mois en écrivant un peu chaque jour. Il vous suffit d'écrire deux pages par jour pour sortir un livre de 180 pages au bout de trois mois.

En fait, la vraie question à se poser n'est pas de vous demander de combien de temps vous avez besoin pour écrire votre livre, mais de **décider en combien de temps vous voulez terminer votre livre**.

En effet, sachez que le cerveau agit dans les limites qu'on lui fixe, et que plus on dispose de temps pour faire un travail, plus on en prend, souvent inutilement.

Par exemple, si vous vous accordez deux heures pour faire un travail, il est fort probable que vous mettrez effectivement deux heures.

Si vous vous accordez trois heures pour le même travail, vous mettrez sûrement trois heures.

Or, si vous décidez du temps que vous voulez mettre pour terminer votre livre, c'est vous qui reprenez le contrôle de votre temps et vous mobilisez vos ressources au maximum pour atteindre cet objectif en temps et en heure (en vous fixant bien sûr des objectifs qui tiennent la route et ne pas vouloir écrire 100 pages en 3 minutes...).

Par ailleurs, le travail sera souvent mieux exécuté en moins de temps car vous vous concentrerez plus facilement, vous ne vous laisserez pas distraire et vous irez à l'essentiel ; tout cela se fera automatiquement.

Ainsi, selon votre motivation à terminer rapidement votre livre, vous saurez libérer plus ou moins de temps chaque jour pour atteindre le délai que vous vous êtes fixé, exactement comme vous le faites pour atteindre les délais que vous fixe votre patron si vous êtes salarié. La différence c'est que là, c'est vous le patron.

Voyons maintenant une méthode en sept étapes pour réaliser votre livre pas-à- pas, en perdant un minimum de temps et en maximisant la qualité de votre contenu.

III.2.c- ETAPE 1: Créez votre table des matières.

Il faut avant tout savoir ce que vous allez écrire exactement, et pour cela il vous faut un plan qui sera votre table des matières.

Je vous propose ici trois approches pour créer une table des matières pertinente, et vous pouvez bien évidemment mixer ces approches pour en tirer le meilleur.

Approche 1: Table des matières chronologique.

Vous pouvez réaliser une table des matières en vous basant sur les jalons de réalisation des étapes liées à la mise en place de la solution que vous proposez.

Par exemple si votre livre porte sur la mise en place d'un jardin japonais en trente jours, vous pouvez faire une table des matières en trente petits chapitres, où chaque chapitre développe une étape pour réaliser le jardin japonais.

De la même manière, si votre livre porte sur la manière d'arrêter de fumer en quatre semaines, vous pouvez réaliser une table des matières segmentée en quatre chapitres (semaine 1, semaine 2, semaine 3 et semaine 4), avec un thème spécifique pour chaque semaine qui mènera à l'issue de la quatrième semaine vers l'arrêt du tabac.

Vous pouvez au besoin rajouter des sous points si le créneau de temps est trop large.

Par exemple vous pouvez segmenter la première semaine en sept sous-points qui correspondent aux sept jours de la semaine.

Vous pouvez aussi segmenter la première semaine en trois sous-points. Le premier sous-point correspond par exemple à lundi, mardi, mercredi, le deuxième à jeudi, vendredi, et le troisième à samedi, dimanche.

Approche 2: Table des matières logique.

Ici, vous n'avez plus de notion de segmentation dans le temps.

Le but est de créer votre table des matières en vous basant sur votre bon sens et votre expérience pour trouver les différentes étapes qui doivent être effectuées logiquement et pas-à-pas pour atteindre progressivement la solution promise.

Par exemple, si votre livre traite de la manière de sortir avec une femme quand on est timide, vous allez sûrement avoir un premier chapitre qui explique comment aborder une femme, puis un deuxième sur comment proposer un rendez-vous, puis un troisième sur comment se comporter durant ce rendez-vous, avant d'arriver au chapitre qui traite de la manière de conclure avec elle. C'est une question de logique, de bon sens.

Vous n'allez pas commencer votre livre en grillant les étapes et il semble logique de d'abord aborder une femme avant de penser conclure avec elle, à moins d'être un habitué du Carlton mais dans ce cas la timidité n'a plus lieu d'être.

Approche 3: Table des matières par besoin.

Cette dernière approche consiste à raisonner non plus en termes logiques mais en termes de besoins.

Vous pouvez essayer d'identifier les différents besoins autour de votre thématique, en listant les questions que se posent le plus les gens sur le sujet que vous traitez dans votre livre. Chaque question que vous identifiez peut faire l'objet d'un chapitre.

Par exemple, si vous faites un livre sur les manières de sortir du surendettement, vous pourrez trouver des questions liées à une multitude de cas de surendettement (célibataire, en couple, divorcé, handicapé etc.), et des questions liées à une multitude de moyens pour en sortir (comment trouver un travail additionnel, comment remplir un dossier d'aide, comment démarcher efficacement une banque pour obtenir un prêt etc.). Chacune de ces questions peut faire l'objet d'un chapitre.

Une fois que vous avez listé toute ces questions et si votre sujet le permet, je vous conseille ensuite d'utiliser la deuxième approche pour réorganiser cette liste de questions en table des matières logique où chaque question constitue un pas de plus vers la solution finale.

Pour identifier les besoins et les questions que se posent les gens sur votre thématique, vous pouvez par exemple aller sur différents forums liés à votre thématique et voir les échanges entre les internautes.

Un excellent forum généraliste est Yahoo Answers (https://fr.answers.yahoo.com/). Son point fort est que son grand volume de visites journalières peut donner une idée significative des questions les plus fréquemment posées.

Un autre bon moyen est de chercher les blogs populaires en lien avec votre thématique et de vous inscrire à leurs différentes newsletters pour voir des questions qu'ils traitent. Si le blog est populaire, il y a de fortes chances qu'il ait beaucoup de visiteurs et que les articles du blog soient le reflet de ce que cherchent à savoir les visiteurs.

Un autre moyen un peu «sous le manteau» auquel très peu de gens pensent mais que je vous livre ici car c'est une technique redoutable, c'est d'aller sur Amazon et de regarder la table des matières des livres concurrents qui sont dans les meilleures ventes.

Il faut savoir qu'Amazon reste de loin le site le plus visité (un peu plus de 17 millions de visiteurs uniques par mois selon Médiamétrie). Autant dire que si un livre est dans les meilleures ventes, c'est qu'il répond aux questions des gens.

La version US d'Amazon (www.amazon.com) possède une fonctionnalité que la version Française (www.amazon.fr) n'a pas encore à l'heure ou j'écris ce livre, qui est d'afficher les dix premiers pourcents du livre lorsque l'on clique sur la couverture.

Si vous parlez un peu Anglais, allez sur Amazon et cliquez sur les couvertures de livres les mieux vendus dans votre thématique. Vous y verrez leurs tables des matières qui seront pour vous une mine d'or d'information pour réaliser votre table des matières.

Il existe beaucoup d'autres moyens pour trouver les questions que se posent le plus les gens sur votre thématique, comme par exemple les magazines dans les librairies ou les magazines électroniques.

Maintenant, créez votre table des matières en utilisant l'une des trois approches décrites précédemment, en les mixant si besoin.

Ne vous inquiétez pas si vos titres sont mal formulés, nous les optimiserons lors de l'étape six. Ce qui compte pour le moment, c'est d'avoir votre plan pour savoir le contenu que vous allez mettre.

Une fois que vous avez préparé votre table des matières, vous pouvez passer à la deuxième étape.

III.2.d- ETAPE 2: Créez et annotez votre structure.

Votre table des matières établie, vous allez maintenant créer la structure de votre livre et l'annoter.

Ouvrez votre logiciel de traitement de texte et créez un nouveau document.

Ecrivez chaque titre et sous-titre de votre table des matières en haut d'une page blanche, jusqu'à avoir l'ensemble de votre table des matières contenue dans votre document. Vous avez alors un seul titre ou sous-titre par page blanche.

Sur chacune des pages blanches et donc pour chaque titre ou sous-titre, listez tous les points et les idées que vous voulez aborder.

A ce stade, utilisez simplement vos connaissances actuelles sur le sujet et votre expérience pour lister ces points et ces idées.

Il n'est pas nécessaire de faire des phrases, il s'agit juste de lister vos idées pour savoir ce que vous allez écrire pour chaque titre et sous-titre.

III.2.e- ETAPE 3: Complétez votre structure par une recherche externe.

Il est possible que vous n'ayez pas tous les éléments de réponse aux différents titres et sous-titres de votre livre. Vous avez certes écrit un maximum de vos idées et de vos connaissances, mais vous trouvez que ça reste incomplet et qu'il manque des choses.

C'est pour ça que vous allez maintenant effectuer une recherche d'informations externe.

Vous allez donc reprendre votre structure et rebalayer chaque titre et sous-titre pour rajouter les points qui peuvent être étayés davantage.

Pour chaque titre et sous-titre, faites des recherches plus précises avec Google ou avec les moyens que nous avons vus précédemment lors de la création de votre table des matières (forums, blogs ciblés, livres concurrents sur Amazon etc.).

Vous devriez pouvoir ainsi trouver le contenu manquant et compléter votre liste de points et d'idées pour chaque titre et sous-titre.

Une fois que tout ce travail est effectué et que l'architecture de votre livre est complète et équilibrée, votre livre ressemble maintenant à une grande liste de points et d'idées, structurés sous forme de chapitres par vos titres et sous-titres.

Il vous reste maintenant à rédiger ces points et idées pour donner une forme lisible à votre contenu.

C'est ce que nous allons voir dans la prochaine étape.

III.2.f- ETAPE 4: Rédigez les points clés et idées de vos chapitres.

Reprenez votre livre du début et rédigez pour chaque chapitre une première version en développant les points clés et idées qui y sont listés.

Ecrivez rapidement, exactement comme si vous parliez à quelqu'un qui est en face de vous.

Utilisez des phrases courtes et des mots simples et allez à l'essentiel.

Rappelez-vous que vous n'êtes pas là pour écrire un roman mais pour proposer une solution à un problème qu'ont vos clients.

Ne cherchez donc pas à faire des prouesses en figures de style, ce n'est pas ce que vos clients cherchent et cela risque même de dégrader la lisibilité de votre contenu qui doit rester simple.

Une fois que vous commencez à écrire un chapitre, ne vous arrêtez surtout pas pour vous relire ou analyser chaque phrase que vous écrivez.

Suivez à la lettre cette citation de l'écrivain célèbre Ernest Hemingway qui disait : «write drunk, edit sober» (traduction : écrivez saoul, éditez sobre).

Cela signifie qu'une fois que vous commencez à écrire, il faut laisser libre cours à votre spontanéité et ne surtout pas vous arrêter pour analyser et corriger chacune de vos phrases.

Peut-être savez-vous déjà que le cerveau possède deux hémisphères, un créatif et l'autre analytique.

Si vous vous arrêtez à la fin d'une phrase pour la corriger, c'est comme si vous stoppiez net l'inertie de votre cerveau créatif et que vous deviez activer votre cerveau analytique pour prendre le relai. Puis dès que vous passez à la phrase qui suit immédiatement, vous devez à nouveau stopper votre cerveau analytique pour redémarrer votre cerveau créatif.

Vous perdez comme ça non seulement un temps fou mais en plus vous fatiguez votre esprit beaucoup plus vite.

Ecrivez donc sans vous arrêter, et ne vous inquiétez pas pour les erreurs ou les phrases mal tournées que vous laissez derrière vous. Vous aurez tout le temps de les corriger et les éditer dans l'étape suivante.

Pour l'instant, le seul but est de transformer vos listes de points et d'idées en paragraphes de texte en mode brouillon, sans s'occuper de l'édition.

Par ailleurs, si en cours d'écriture vous remarquez que vous avez encore besoin de rajouter des informations que vous n'avez pas sous la main, insérez simplement un commentaire en couleur ou en italique pour pouvoir y revenir facilement par la suite, puis continuez à rédiger.

Une fois que tout votre livre est rédigé en mode brouillon et que vous avez rajouté tout ce que vous vouliez comme informations, vous pouvez passer à l'étape suivante qui va consister à éditer votre livre.

III.2.g- ETAPE 5: Editez et raffinez votre texte.

Votre livre étant terminé en mode brouillon, vous allez maintenant pouvoir utiliser votre cerveau analytique pour l'éditer et corriger toutes les erreurs, phrases mal tournées et raffiner votre contenu.

Reprenez votre livre et relisez-le chapitre par chapitre.

Pour chaque chapitre, corrigez toutes vos fautes d'orthographe. Reformulez les phrases mal tournées. Remplacez les mots qui sont utilisés trop souvent par des synonymes. Assurez-vous que les paragraphes s'enchaînent de manière logique et spontanée.

Relisez plusieurs fois et raffinez à chaque fois chacun de vos chapitres jusqu'à ce que vous soyez sûr que vous les avez optimisés au maximum. Chacun de vos chapitres doit se lire sans effort, comme si votre texte coulait naturellement.

N'oubliez pas non plus d'aérer votre texte en sautant des lignes entre les paragraphes pour rendre la lecture plus confortable.

Profitez de cette étape d'édition pour injecter également plusieurs exemples concrets pour illustrer vos idées.

Utilisez des exemples issus de votre expérience, de l'expérience de personnes connues, citez un passage d'un livre ou d'un film qui vous a marqué.

En clair, racontez des histoires et donnez des cas concrets car c'est souvent les anecdotes qui restent gravées dans la mémoire du lecteur et lui permettent de comprendre une idée facilement.

III.2.h- ETAPE 6: Sublimez vos titres et sous-titres.

Maintenant que votre livre est entièrement écrit, c'est l'occasion de revoir la formulation du titre principal de votre livre, ainsi que les titres et sous-titres de votre table des matières.

Il est en effet possible qu'en fonction du contenu que vous avez trouvé et écrit sous chaque titre et sous-titre au cours des étapes précédentes, vous ayez rajouté des informations qui modifient légèrement l'adéquation entre votre contenu et vos titres et sous-titres initiaux.

Il faut donc maintenant rétablir cette adéquation afin que vos titres et sous-titres soient le reflet parfait du contenu qui les suit.

De plus, il faut vous assurer, à pure vocation marketing, que le titre principal de votre livre ainsi que les titres et sous-titres de vos chapitres soient attirants pour capturer l'attention du lecteur.

Rendez-les percutants pour capter l'attention du lecteur.

Mettez-vous à sa place et demandez-vous si vous vous arrêteriez en voyant un livre titré de cette façon.

Si la réponse est non, continuez de chercher jusqu'à trouver un titre qui captera votre attention.

N'oubliez pas que si le titre de votre livre est plat, personne ne l'ouvrira pour lire le contenu de qualité que vous avez créé.

L'un des meilleurs copywriter Américain Gary Bencivenga donne cette formule redoutable pour obtenir un titre qui capte l'attention et qui génère l'intérêt du lecteur :

Bénéfice + Curiosité = Intérêt

Si votre titre promet au moins un bénéfice et crée de la curiosité, alors il générera l'intérêt du lecteur et vous aurez gagné.

Comme l'indique la formule, plus le bénéfice est important et plus l'élément de curiosité est grand, et plus l'intérêt du lecteur va augmenter.

Il existe un nombre incalculable de façons pour obtenir un titre gagnant, faites donc confiance à votre imagination.

En général, les titres qui promettent des résultats précis et chiffrés sont très appréciés.

Par exemple : «Comment passer de vingt à zéro cigarettes en sept jours», ou «la méthode secrète pour retenir un texte d'une page en 2 minutes».

En plus du titre de votre livre, essayez également de reformuler les titres et sous-titres sur ce même principe afin de garder l'attention du lecteur en éveil tout au long de votre livre, un peu comme s'il regardait un film à suspens.

Votre livre est maintenant presque finalisé. Il ne vous reste plus qu'à le relire une dernière fois et le faire relire par d'autres personnes.

III.2.i- ETAPE 7: Relisez votre livre et faites relire.

Votre livre terminé, il est temps de le relire entièrement pour être sûr que tout coule et s'enchaîne correctement et naturellement.

Il est aussi fortement conseillé de le faire relire par d'autres personnes. En effet, quand on a la tête dans le guidon on ne voit plus forcément certaines erreurs et imperfections qui sauteront aux yeux de ceux qui découvrent votre livre pour la première fois.

Mieux vaut donc le faire relire maintenant, plutôt que ce soit vos clients qui commencent à vous faire des retours négatifs sur les imperfections qu'ils voient.

Pour la relecture, choisissez des gens qui appartiennent au public ciblé par votre livre en leur précisant que leur avis est important pour vous car ils représentent vos futurs lecteurs type.

Si votre livre s'adresse plutôt à des experts en informatique, vous n'allez pas faire relire votre livre par quelqu'un qui sait à peine se servir d'un ordinateur.

De même, si votre livre s'adresse aux hommes, vous n'allez pas le faire relire par des femmes.

Ou encore s'il cible une audience jeune, vous n'allez pas démarcher une maison de retraite pour trouver des relecteurs.

A l'inverse, si votre livre s'adresse à des novices dans un domaine, cherchez des gens qui ont peu ou pas de connaissances dans le domaine concerné.

Par exemple, si votre livre porte sur une méthode pour apprendre la guitare rapidement, faites le relire par ceux qui ne savent pas en jouer.

Demandez à chacun de vos lecteurs ce qu'ils n'ont pas compris, ce qui pourrait être amélioré, si d'autres sujets manquants devraient être traités ou si certains points mériteraient d'être expliqués autrement, puis apportez les corrections si nécessaire.

Une fois que votre livre est terminé, il ne vous reste plus qu'à le convertir dans un format numérique tel que le format PDF (le plus courant), ePub ou mobi.

III.3- Comment Créer Un Produit Vidéo.

Il est beaucoup plus facile de créer un produit vidéo qu'un livre car cette fois vous n'aurez pas besoin de passer tout ce temps à rédiger.

De plus, un produit vidéo a généralement une valeur perçue supérieure à un livre, vous pourrez donc certainement le vendre plus cher.

C'est ce que nous allons voir dans les pages qui suivent.

III.3.a- Construisez votre plan et choisissez le nombre de modules.

Vous avez juste besoin dans un premier de construire le plan de votre produit vidéo, et de créer un module par chapitre pour un nombre de modules allant en général de trois à sept modules vidéo.

Certains marketeurs estiment en effet qu'au-delà de sept modules, il est plus facile de perdre le fil de la solution apportée car les clients ont plus de mal à avoir une vision d'ensemble.

Disons que quatre modules d'une durée de 10 à 25 minutes chacun pour une durée totale d'une heure constitue une bonne base pour votre produit vidéo.

Une fourchette acceptable pour un produit vidéo se situe entre quarante-cinq minutes et deux heures.

Bien sûr, la durée de chaque module et le nombre de modules dépendra grandement de votre thématique et n'est donnée ici qu'à titre indicatif de ce que l'on voit le plus fréquemment en termes de standards.

Vous pouvez très bien faire un produit vidéo de qualité du style «Méthode pour reprendre le contrôle de son temps en 30 jours» avec trente modules de deux minutes chacun, où chaque module correspondrait à une journée.

Encore une fois, tout dépendra de la pertinence et l'efficacité de votre contenu à résoudre le problème de vos clients.

Mieux vaut un produit vidéo qui dure quarante-cinq minutes et qui apporte la solution parfaite plutôt qu'un produit qui dure trois heures mais à côté et la plaque et ennuyeux à mourir.

Une fois que votre plan principal est prêt et que vous avez déterminé le nombre de modules de votre produit vidéo, annotez pour chaque module les différents points et idées dont vous allez parler.

Il s'agit juste de lister ces points pour chaque module mais en aucun cas de rédiger quoique ce soit.

En effet, ces points vont vous servir de pense-bête lorsque vous allez vous enregistrer mais vous n'aurez pas besoin de réciter du texte et encore moins de donner l'impression que vous lisez un script.

III.3.b- Attitude et tenue devant la caméra.

Comme nous le verrons juste après, il n'est forcément nécessaire de se filmer pour créer un produit vidéo.

Mais si vous décidez de vous filmer, il y a certaines choses à savoir sur l'attitude et la tenue à avoir devant la caméra.

Votre approche devant la caméra devra être naturelle et vous ne devrez surtout pas donner l'impression de réciter un texte ou lire un script, comme vu précédemment.

Vous devrez parler et vous comporter exactement comme vous le faites au quotidien, comme si vous expliquiez votre sujet à un ou une amie.

Il est prouvé que les gens écoutent davantage ceux qui leur ressemblent vestimentairement et qui parlent comme eux.

Bannissez donc tout effort de vous surhabiller et de parler dans un langage soutenu et coincé, sauf si votre produit s'adresse à une niche très fermée de professionnels.

Rappelez-vous que la plupart du temps vos clients regarderont votre produit depuis chez eux dans leur tenue décontractée et avec le langage qu'ils utilisent à la maison et non pas au travail.

Montrez-leur donc que vous êtes comme eux au moment où ils vous regardent et soyez simplement vous-mêmes, avec les vêtements et le langage que vous utilisez lorsque vous êtes chez vous.

Ainsi, non seulement vous plairez plus à vos clients, mais vous vous sentirez aussi beaucoup plus à l'aise devant la caméra car vos mots viendront tous seuls.

III.3.c- Enregistrez votre vidéo.

Avant de passer à l'enregistrement de vos différents modules, répétez deux ou trois fois devant votre webcam. Regardez le résultat et recommencez autant de fois que nécessaire jusqu'à vous sentir à l'aise.

Pour réaliser votre vidéo vous pouvez soit le faire par vous-même, soit faire appel à un professionnel.

Si vous le faites par vous-même, vous pouvez soit choisir de vous filmer en train de parler, soit de réaliser un screencast.

Un screencast consiste à filmer votre écran d'ordinateur et à parler en même temps au micro pour expliquer ce que vous faites.

C'est très pratique notamment si vous proposez une formation pour apprendre à utiliser un logiciel et il est tout à fait possible de faire une formation entière en screencast, sans jamais devoir vous montrer à la caméra.

Par ailleurs, il est très rapide de réaliser un screencast et vous pouvez facilement créer toute une série de produits de formations vidéo en une semaine.

L'un des meilleurs logiciels de screencast et le plus connu est très certainement Camtasia Studio (existe en version Mac et PC).

Si au lieu d'un screencast vous décidez de vous filmer, vous n'avez pas besoin d'un équipement digne des plus grands cinéastes puisque le but n'est pas de faire du Spielberg.

La qualité de la caméra compte beaucoup moins que la qualité du son. Ainsi, il vous suffit de trouver chez vous un mur blanc ou un fond neutre, et de mettre en face de vous une caméra posée sur un trépied.

Si vous n'avez pas beaucoup de moyens, la webcam de votre ordinateur ou la caméra de votre téléphone portable feront très bien l'affaire.

Pour le son, il faut que le micro soit le plus proche possible de votre bouche pour assurer la meilleure qualité sonore possible, car c'est par là que votre message sera délivré.

Il n'y a rien de plus désagréable que de devoir tendre l'oreille pour entendre quelqu'un parce qu'il est trop loin ou qu'il y a des bruits parasites.

N'hésitez pas à utiliser un micro externe si besoin.

Une fois votre matériel d'enregistrement installé, il vous suffit de déclencher la caméra qui vous filmera en un seul plan et de la laisser tourner.

Si vous ratez une séquence ou que vous vous embrouillez (ce qui risque fortement d'arriver surtout si vous débutez), ne paniquez pas. Reprenez simplement au début de cette séquence.

N'oubliez pas non plus de laisser passer un blanc de 5 à 10 secondes à chaque moment où vous prévoyez de découper la vidéo pour en faire un nouveau module.

Ces périodes de blanc apparaîtront dans votre logiciel d'édition et il vous sera alors plus facile de savoir à quel endroit découper votre vidéo.

Pour être sûr de ne pas perdre votre plan, vous avez plusieurs façons de faire.

La première, c'est d'avoir vos notes à côté de vous et de les regarder très discrètement à chaque fois que vous en avez besoin, comme font certains journalistes.

Vous pouvez aussi écrire vos divers points à aborder sur un support en face de vous qui ne sera pas visible sur la vidéo.

Ce support peut être par exemple un tableau sur lequel vous écrirez vos différents points, ou un écran sur lequel vous projetterez une présentation Powerpoint. Vous pourrez ainsi faire défiler les diapositives par une petite télécommande ou par un collègue qui le fera pour vous.

Dans le cas où vous souhaitez être filmé mais que vous ne voulez pas le faire par vous-même, vous pouvez passer par un professionnel.

Il faut compter à avoir des devis commençant aux alentours de 300€. Contactez donc plusieurs entreprises pour voir les meilleures offres. Vu la simplicité du tournage, vous n'avez pas forcément besoin d'un professionnel de grande renommée.

Dites leur simplement que vous souhaitez vous enregistrer face à la caméra sur simple fond blanc ou neutre, et que l'intégralité des prises ne durera pas plus de trois heures.

III.3.d- Montez et packagez votre vidéo.

Le montage vidéo peut se faire facilement par vous-même.

Vous n'avez qu'à charger votre enregistrement dans un logiciel d'édition vidéo, de supprimer les séquences ratées et de découper votre enregistrement en autant de modules que nécessaires.

Comme pour le screencast, l'un des meilleurs outils pour l'édition vidéo est très certainement Camtasia Studio, mais vous pouvez très bien utiliser des logiciels comme Windows Movie Maker ou iMovie si vous êtes sur Mac.

Tous ces logiciels sont très intuitifs et simples à prendre en main même si c'est la première fois que vous les utilisez.

Vous pouvez ensuite sauvegarder chacun de vos modules au format MPEG4 (.mp4) qui est l'extension la plus courante.

Enfin, pour packager votre produit vidéo, vous pouvez compresser l'ensemble de vos modules dans un fichier zip unique en utilisant par exemple le logiciel de compression Winzip, qui constituera le produit vidéo final que vous pourrez commercialiser.

III.4- Comment Créer Un Produit Audio.

Créer un produit audio est peut-être ce qu'il y a de plus simple et rapide en comparaison avec un livre numérique et un produit vidéo.

Ici, vous n'avez ni besoin de rédiger, ni besoin d'être devant une caméra et faire attention à votre gestuelle.

Comme pour un produit vidéo, commencez par construire votre plan et déterminer le nombre de modules de votre produit audio. Les principes sur la durée et le nombre de modules restent les mêmes que pour le produit vidéo.

Une fois que votre plan est construit et que vous avez listé pour chaque module les points et idées que vous allez aborder, vous êtes prêt à vous enregistrer.

Pour vous enregistrer, vous n'avez pas besoin d'une usine à gaz. Un simple enregistreur portable ou l'enregistreur de votre téléphone fera très bien l'affaire. Veillez juste à parler près du micro pour avoir un son audible et de la meilleure qualité qui soit.

Avant de commencer votre enregistrement officiel, vous pouvez vous entraîner en vous enregistrant avant quelques fois afin de régler votre voix, votre débit de parole et supprimer les hésitations.

Si vous vous rendez compte qu'il y a des problèmes de postillonnement qui altère la qualité sonore, vous pouvez vous procurer une bonnette ou un filtre anti pop.

Une fois que vous êtes prêt à enregistrer la version officielle, déclenchez votre enregistreur et commencez à parler.

Si vous vous embrouillez ou que vous oubliez de dire quelque chose, recommencez la séquence tout en laissant tourner l'enregistreur. Vous la couperez lors de l'édition.

De même, laissez passer cinq à dix secondes à chaque fois que vous changez de module, ce qui facilitera le découpage des modules à l'édition car vous repérerez facilement les transitions grâce aux silences laissés.

Une fois que tout est enregistré, vous pouvez éditer votre fichier audio en utilisant un logiciel comme Audacity (gratuit) ou Camtasia Studio.

Il vous suffira de supprimer les séquences ratées et de découper votre fichier en autant de modules que nécessaires.

Vous pourrez exporter chaque module audio au format mp3 qui est le plus courant.

Enfin, une fois que vous avez tous vos modules prêts au format mp3, vous pouvez les packager en les regroupant dans un fichier zip unique qui constituera votre produit audio final et prêt à être commercialisé.

III.5- Comment Créer Une Appli Web.

Les applications web ou «web apps» sont des logiciels qui s'exécutent uniquement à partir de votre navigateur Internet.

Ils proposent toutes formes de services en ligne, que l'on peut généralement utiliser en payant un abonnement mensuel.

Parmi les web apps on peut par exemple trouver des applications pour organiser son agenda, faire une séance de brainstorming de manière collaborative avec plusieurs collègues distants, réaliser un mind mapping, convertir un fichier en un autre format, créer ses factures etc.

Voici quelques exemples de sites proposant des web apps :
Bubbl.us (https://bubbl.us/)
Bonne Facture (http://www.bonnefacture.com)
Online-Convert (http://www.online-convert.com)
Dropbox (https://www.dropbox.com/)

Pour réaliser une web app, vous pouvez soit le faire par vous-même si vous maîtrisez la programmation en javascript, soit passer par un développeur professionnel qui la réalisera pour vous selon vos spécifications.

Si vous souhaitez réaliser votre web app par vous-mêmes, il existe un service intéressant de Google qui vous permet de le faire, il s'agit de Google Apps Script :
(http://script.google.com).

Vous pouvez également trouver des bons développeurs à des prix abordables, notamment dans des places telles que Elance (www.elance.com) ou Codeur (www.codeur.com).

Le site Fiverr (www.fiverr.com) peut aussi s'avérer excellent niveau rapport qualité/prix et vous pouvez trouver en cherchant un peu un développeur qui peut vous réaliser votre web app pour seulement quelques euros ou dizaines d'euros.

Avant de vous lancer dans la réalisation d'une web app, étudiez bien votre marché pour savoir quel type de web app peut cartonner.

Une excellente stratégie réside dans le fait de regarder les web apps qui marchent bien à l'international et d'en créer une pour l'adapter au besoin du marché francophone.

Les facteurs clés de succès pour une web app sont assurément le design, l'ergonomie et la simplicité d'utilisation.

Soignez donc au maximum le design quitte à faire appel à un designer professionnel, et faites en sorte que votre web app soit agréable à utiliser et conviviale.

Par ailleurs, faites-là aussi intuitive que possible avec des actions simples et évitez à tout prix l'effet «usine à gaz».

Enfin, pensez à votre stratégie de prix dès la conception, en proposant par exemple différentes offres qui donneront accès à plus ou moins de fonctionnalités, et pourquoi pas une version basique gratuite qui captera l'intérêt de vos futurs clients et leur permettra de se familiariser avec l'interface.

III.6- Comment Créer Une Formation En Ligne.

Vous pouvez créer une formation en ligne et la proposer sur un site à abonnement mensuel avec un espace membre.

Deux des meilleurs outils pour réaliser un site à abonnement avec un espace membre sécurisé sont Optimize Press (www.optimizepress.com) et Amember (www.amember.com).

Les formations que vous créez dans l'espace membre de votre site peuvent utiliser des supports variés, comme de la vidéo, de l'audio et du texte. Les clients apprécient en général d'avoir une mixité de supports.

L'intérêt d'un site à abonnement mensuel, c'est que vous n'avez réellement besoin que de vendre une fois, et le reste du revenu est récurrent.

Un site à abonnement est donc la porte ouverte pour bâtir réellement un empire financier car vous augmentez ainsi votre panier moyen (la somme totale qu'un client dépense au fil des mois).

Le but va donc ensuite consister essentiellement à maximiser votre taux de rétention, c'est-à-dire trouver la bonne formule pour garder vos clients abonnés le plus longtemps possible.

Pour cela, il vous faudra par exemple proposer de nouvelles formations ou de nouveaux outils régulièrement à des moments fixes, créer un forum dans votre espace membre dans lequel vous répondez à toutes les questions posées par vos abonnés en lien avec la thématique, organiser différents évènements pour rencontrer vos abonnés en réel ou par des séminaires en ligne etc.

Tous les moyens sont bons, du moment qu'ils vous permettent de conserver vos abonnés le plus longtemps possible.

Une bonne stratégie pour inciter vos visiteurs à s'inscrire à votre site est de proposer le premier mois à un prix très bas, et ensuite un prélèvement mensuel au prix normal chaque mois qui suit.

Par exemple, vous pouvez proposer un essai avec un premier mois à un euro, puis un prélèvement de 97€ par mois à partir du mois suivant.

Cette stratégie d'engagement est beaucoup plus efficace que de directement proposer l'abonnement au plein tarif dès le premier mois.

En effet, elle fait complètement disparaître la barrière à l'entrée qui peut freiner les gens à essayer votre formule de formation en ligne.

III.7- Les Autres Types De Produits Digitaux.

En plus des produits que nous venons d'aborder, il existe une multitude d'autres produits digitaux que vous pouvez créer.

Par exemple, cela peut être un logiciel, une application pour téléphone portable, un plugin pour Wordpress etc.

Cela peut être aussi sous forme de services, par exemple en proposant aux commerçants du coin de leur monter une boutique en ligne pour qu'ils puissent être visibles sur Internet.

Vous pouvez aussi très bien monter votre propre boutique en ligne. Un des meilleurs logiciels de e-commerce pour créer une boutique en ligne ayant un look professionnel est Prestashop (https://www.prestashop.com). De plus, ce logiciel d'e-commerce est gratuit et votre boutique peut être montée en seulement quelques minutes.

Si vous n'avez pas de produits à vendre, vous pouvez remplir votre boutique de produits d'affiliation qui vous rapporteront des commissions à chaque vente.

Par exemple, Amazon possède un programme d'affiliation et offre même gratuitement une boutique en ligne aStore (http://astore.amazon.fr/). Vous pouvez la remplir de tous les produits Amazon que vous voulez vendre, et la boutique s'intègre très facilement sur un site web existant.

Pensez aussi à l'opportunité de proposer des services d'apport de prospects aux professionnels (avocats, restaurants, plombiers, électriciens etc.). Il y a une multitude de manières de réaliser des apports d'affaires.

Par exemple, vous pouvez avoir un site web qui propose des prises de rendez-vous avec un notaire ou un avocat contre commission.

Votre site peut ainsi inciter le visiteur à appeler un numéro qui le redirigera automatiquement vers le cabinet du notaire ou de l'avocat avec qui vous faites le partenariat.

Avant d'être mis en relation avec le client, le notaire ou l'avocat entendra un message du genre : «Ce client vous est apporté par la société X.».

III.8- Mettez Votre Produit Digital Au Format Papier Ou CD/DVD.

Cette étape est optionnelle, et s'adresse à vous si vous souhaitez mettre votre livre numérique sur format papier ou vos autres produits digitaux sur support CD ou DVD.

III.8.a- Avantages et inconvénients du support physique.

Avant de passer votre produit digital sur support physique, réfléchissez bien aux avantages et inconvénients de l'un et l'autre.

D'un côté, le support physique peut donner à votre produit une plus grande visibilité, en le rendant par exemple présent sur des boutiques de vente en ligne qui ne traitent pas les produits digitaux ou qui traitent également les produits physiques comme Amazon.

Vous rendez aussi plus visible votre produit qui peut se trouver sur les étagères de certains magasins, ce qui vous fait une publicité gratuite et profiter des ventes associées.

Le support physique peut également être perçu comme ayant une valeur plus grande qu'un produit digital dans certains cas, par exemple dans le cas d'un produit vidéo. Une vidéo est souvent vendue plus cher sous forme de DVD que sous forme de vidéo téléchargeable en ligne.

Cela dit, ce n'est généralement pas le cas pour les livres. Un livre numérique se vend en général jusqu'à deux ou trois fois plus cher qu'un livre papier.

De plus, le support physique va vous contraindre à considérer les aspects logistiques qui n'existent pas avec les produits digitaux, ce qui peut alourdir votre processus de fonctionnement et votre gestion.

III.8.b- Comment passer sur support physique.

Si vous n'avez pas ou peu de budget, vous pouvez commencer par la création de produits à la demande.

Vous pouvez pour cela utiliser le service Createspace d'Amazon (https://www.createspace.com) qui vous permet de créer des versions papier ou DVD de vos produits.

Vous pouvez également utiliser le service Lulu (https://www.lulu.com/) pour mettre votre livre numérique sur format papier.

Bien entendu, en créant des produits à la demande, ceux-ci vont coûter légèrement plus cher que si vous en commandiez directement en grande quantité.

Aussi, une fois que vous aurez obtenu vos premiers clients, vous pourrez réinvestir les bénéfices pour faire fabriquer vos produits en quantités plus importantes.

III.8.c- Comment gérer votre logistique.

Une fois que votre produit numérique a été mis sur support physique, reste à voir comment gérer la logistique.

Préparer et envoyer les commandes chaque jour peut très vite devenir chronophage et fastidieux. C'est pourquoi je vous conseille vivement de sous-traiter la logistique.

Non seulement cela vous libérera du temps pour développer votre business, mais cela ne vous reviendra pas forcément plus cher si on compte le temps que vous perdez à gérer la logistique vous-même, acheter les enveloppes et les timbres à la Poste etc.

Pour sous-traiter votre logistique, vous pouvez par exemple faire appel à l'excellent service d'Amazon qui s'appelle Expédié par Amazon (http://services.amazon.fr/services/expedie-par-amazon/outils-et-avantages.html).

Il vous suffit d'envoyer vos produits à un centre de distribution Amazon, et Amazon assure le stockage, l'emballage et l'expédition, mais aussi le service client et les retours.

Il existe nombre d'autres services que vous pourrez facilement trouver en cherchant un peu.

Ceci termine la partie dédiée à la création de votre produit. Que votre produit soit sous forme digitale ou physique, nous allons dans les pages qui suivent parler essentiellement de produits d'information.

Cela dit, l'ensemble des techniques que vous allez découvrir est très facilement adaptable à tous les autres types de produits.

IV- CRÉEZ VOTRE PAGE DE VENTE (7 JOURS).

Votre page de vente est l'endroit où vous proposez votre produit et où vous le rendez disponible à l'achat.

Il s'agit en fait de votre argumentaire de vente et elle constitue le point central de votre marketing.

C'est sur cette page que vous allez envoyer tous les visiteurs qui cliquent sur vos publicités.

Selon la manière dont votre page de vente est construite, elle va convertir plus ou moins bien de visiteurs en clients.

Vous avez donc tout intérêt à créer une page de vente efficace afin d'avoir le meilleur de taux de conversion possible, c'est-à-dire le plus grand pourcentage de clients qui achètent votre produit après avoir lu votre page de vente.

La structure d'une bonne page de vente contient sept éléments :

- Un titre choc qui capte l'attention
- Le problème et les fausses solutions de vos clients
- Une photo qui rend votre produit attractif
- Une liste des avantages clients
- La présentation du prix
- Des preuves solides
- Un appel à passer à l'action

Nous allons dans les pages suivantes passer en revue ces sept éléments, puis voir comment optimiser plus globalement votre page de vente pour la rendre la plus efficace possible dès le début, aussi bien d'un point de vue design, ergonomie que du ton et du style à adopter lors de la rédaction de votre page de vente.

Nous verrons enfin comment tester votre page de vente pour améliorer en permanence son taux de conversion, puis nous terminerons par les différents moyens de paiement que vous pouvez intégrer à votre page.

IV.1- Un Titre Choc Qui Capte L'Attention.

Le titre est de loin ce qu'il y a de plus important dans toute votre page de vente.

Il vous faut donc le choisir méticuleusement car vous n'avez pas le droit à l'erreur.

Sans bon titre, vous êtes assuré que tout le reste de votre page de vente ne sera pas lu, car vous n'aurez pas réussi à accrocher le lecteur.

Le challenge va donc d'être de trouver un titre choquant, qui capte l'attention de votre lecteur.

Pour cela, il existe la recette magique de Gary Bencivenga que nous avons déjà abordé au III.2.g.

Pour rappel, sa formule consiste à dire que pour qu'un titre accroche et créé de l'intérêt, il faut qu'il montre à la fois un bénéfice fort, tout en générant de la curiosité.

Cette formule peut se résumer à :

Bénéfice + Curiosité = Intérêt

Plus le bénéfice que va apporter votre produit au client va être élevé, plus son l'intérêt va grandir à ses yeux.

En d'autres termes, essayez de faire en sorte que votre titre promette d'apporter la solution au plus grand désir ou au plus grand problème de votre client.

Voici quelques exemples de bénéfices forts :

«Plus jamais vous ne toucherez à une cigarette !»
«Apprendre l'espagnol n'a jamais été aussi facile.»
«Vos problèmes de diabète s'arrêtent ici.»

De même, plus la curiosité générée par votre titre va être grande, plus l'intérêt que le client va avoir pour votre produit va grandir aussi.

Il est très efficace ici d'utiliser quelque chose qui paraît irréalisable et donc qui va choquer.

Un bon moyen est d'utiliser des métriques (temps, distances, températures etc.) très précis et extrêmes, ou d'écrire quelque chose de stupide ou d'irrationnel.

L'idée est toujours la même : plus vous arriverez à intriguer le lecteur et le faire se demander «mais comment est-ce possible?», plus vous réussirez à lui faire lire la suite.

En apportant l'élément curiosité aux exemples précédents, cela rend carrément les titres irrésistibles :

«Plus jamais vous ne toucherez à une cigarette ! La méthode prouvée pour arrêter la cigarette en moins de 45 minutes et sans patch.»

«Comment arrêter la cigarette avant ce soir en épluchant une pomme de terre.»

«Apprendre l'Espagnol n'a jamais été aussi facile. Partez en Espagne dès la semaine prochaine en étant bilingue.»

«Vos problèmes de diabète s'arrêtent ici. Voici comment ce médecin de campagne obtient 100% de guérison par ce remède déroutant.»

Comme vous le voyez dans les exemples ci-dessus, il est aussi possible d'écrire le titre en deux phrases.

La première phrase peut servir à capter l'attention, et la deuxième phrase peut être un sous-titre qui reprend l'avantage principal, le spécifie, ou ajoute une note de curiosité.

En résumé : apportez dans votre titre un bénéfice fort et une curiosité élevée, et vous aurez gagné la partie.

Vous pouvez vous entraîner en regardant et en vous inspirant des titres de livres ou de magazines qui retiennent votre attention ou qui figurent dans les meilleures ventes.

IV.2- Le Problème Et Les Fausses Solutions De Vos Clients.

Une fois que vous avez trouvé un titre accrocheur, vous pouvez si vous le souhaitez reformuler rapidement la promesse de votre titre avec une ou deux phrases d'introduction (exemple : «Dans les lignes qui suivent, vous allez découvrir comment...»).

Il est alors temps de détailler les problèmes et les fausses solutions de vos clients.

Par exemple :

«Vous en avez assez de...?»
«Vous ne supportez plus quand...»
«Vous n'arrivez plus à...et vous êtes dans une impasse?»

Insistez bien sur les problèmes quitte à les dramatiser pour faire prendre conscience à vos clients que c'est quelque chose de vraiment gênant et qu'ils doivent trouver une solution absolument.

Puis passez sur les fausses solutions, et tout ce qu'ils ont déjà essayé de faire pour résoudre le problème :

«Vous avez peut-être déjà essayé de X ou Y...mais...»

Montrez-leur ici que les solutions auxquelles pensent la plupart des gens qui ont le même problème ne fonctionnent pas.

Par exemple pour le tabac :

«Vous avez peut être déjà essayé sans succès les patchs ou les cigarettes électroniques mais rien n'y fait : vous ne pouvez résister à l'envie de vous en griller une vraie.»

Ils doivent comprendre que la solution que vous leur proposez est quelque chose d'unique et différent de tout le reste.

IV.3- Une Photo Qui Rend Votre Produit Attractif.

Les gens sont très sensibles à avoir une représentation en image du produit qu'ils vont acheter car ils ont en général besoin de visualiser ce qu'ils achètent exactement.

Imaginez-vous un vendeur qui essaye de vous vendre une paire de chaussures sans vous les montrer. Plutôt difficile non ?

Imaginez maintenant que vous voyez une paire de chaussures dans la vitrine d'un magasin. Vous êtes presque instantanément capable de dire si oui ou non vous voulez la paire.

Ne négligez donc pas la photo de votre produit, car si elle est moche ou qu'elle n'éveille pas un désir d'acquérir le produit, ils ne vont pas avoir envie d'acheter et vous allez perdre des ventes.

N'hésitez donc pas à mettre le paquet pour avoir une photo qui rend votre produit extrêmement désirable.

Si vous n'êtes pas sûr de vous, allez voir un photographe.

Si votre produit est virtuel (comme par exemple un ebook), vous pouvez créer très facilement une image en 3D en ayant simplement la couverture du livre avec le logiciel Quick3Dcover.

Vous pourrez très facilement trouver ce logiciel en faisant une simple recherche sur Google, et il en existe également beaucoup d'autres qui font exactement la même chose.

Vous pouvez aussi utiliser une ou plusieurs photos de personnes en train d'utiliser le produit, ou en train d'expérimenter les bénéfices du produit.

Il est possible de vous procurer de nombreuses photos libres de droits pour quelques euros sur Fotolia (www.fotolia.fr), Istockphoto (www.istockphoto.com) ou encore Shutterstock (www.shutterstock.com).

Si vous voulez des photos gratuites libres de droits, vous pouvez en trouver sur Freerangestock (http://freerangestock.com/index.php), Stockvault (http://www.stockvault.net/) ou encore Everystockphoto (http://www.everystockphoto.com/).

Pensez dans ce cas à bien regarder les conditions d'utilisation de l'image. Dans certains cas, il vous sera demandé de mettre un lien vers la licence d'exploitation, ou le nom du photographe à côté de la photo.

En cherchant bien dans ces immenses stocks de photos, vous trouverez sûrement ce dont vous avez besoin.

Par contre, je vous déconseille fortement de choisir des photos clichés qui sentent le faux et qui pullulent dans ce type de banque d'images.

Par exemple, ne choisissez pas des businessmen en costume parfait qui se serrent la main en plein milieu du World Trade Center.

Ne choisissez pas non plus une blonde magnifique heureuse de taper à l'ordinateur et qui affiche un sourire avec des dents d'une blancheur que le même le meilleur dentifrice ne pourra jamais donner.

Choisissez des photos qui véhiculent de l'émotion et qui ne sonnent pas faux. Votre business en dépend.

IV.4- Une Liste Des Avantages Clients.

Il est beaucoup plus important pour un client de connaître les avantages d'un produit que ses caractéristiques.

Par exemple, il est beaucoup plus important pour un client qui achète une machine à laver de savoir qu'il achète un moyen de laver son linge plutôt que de savoir qu'il achète une machine à laver.

De même quand vous achetez un micro Bluetooth, vous n'achetez pas un micro mais un moyen de vous déplacer facilement sans être gêné par un fil.

Ce n'est pas le produit qui vous intéresse, mais le résultat de son utilisation.

C'est pour cela que vous devez toujours chercher à d'abord lister un maximum d'avantages de votre produit, et de vous servir des caractéristiques pour prouver que chaque avantage listé est bien réalisable.

La méthode traditionnelle consiste à énoncer d'abord l'avantage client, puis à lister juste en dessous la ou les caractéristiques permettant d'obtenir cet avantage.

Voici quelques exemples :

- «Ordinateur équipé d'une prise HDMI» devient :
Regardez vos films préférés directement sur votre télé : l'ordinateur est équipé d'une prise HDMI.

- «Magasin ouvert 7 jours/7» devient :

Vous pouvez même faire vos courses le dimanche : le magasin est ouvert 7 jours/7.

- «Carte mémoire 64 GB incluse» devient :
Faites des vidéos extra longues immédiatement : une carte mémoire de 64 GB est incluse dans le produit.

- «Panneau de gestion avancée des couleurs» devient :
Obtenez des vidéos de qualité professionnelle en un clic : présence d'un panneau de gestion avancée des couleurs.

IV.5- La Présentation Du Prix.

Le but ici est de faire passer le prix comme une somme dérisoire en rapport avec ce que ça coûte de ne pas utiliser votre produit.

Vous devez vous débrouiller pour que le client perçoive de manière évidente qu'il va avoir un R.O.I. (Retour Sur Investissement) au moins cinq fois égal à ce qu'il va payer pour acheter votre produit.

Ce retour sur investissement peut être monétaire, mais il peut aussi être temporel, médical ou autre.

Ce qui compte c'est de permettre au client de voir le retour sur investissement traduit en euros.

Par exemple, si votre produit est une solution pour arrêter de fumer, il va y avoir un retour investissement financier évident, qui est l'arrêt d'achat de paquets de cigarettes.

Si votre produit coûte 97 euros, un fumeur qui consomme un paquet par jour à 6,5 euros aura économisé cinq fois le prix de votre produit en moins de trois mois.

De plus, il va aussi y avoir un retour sur investissement lié à votre santé, en vous faisant potentiellement économiser des milliers d'euros en interventions chirurgicales en cas d'artères bouchées.

Si votre produit est une méthode de lecture rapide, essayez d'estimer la perte d'argent que le client peut avoir s'il reste un lecteur lent (rater des informations stratégiques dont l'ignorance peut lui coûter des centaines ou milliers d'euros).

Vous pouvez aussi estimer l'économie que le client va faire par rapport aux autres solutions existantes.

Par exemple si votre produit coûte 47 euros et permet de perdre 20 kg en un mois, comparez ce prix au coût des menus d'un programme diététique sur un an pour perdre le même poids.

COMMENT FIXER VOTRE PRIX.

Trouver le prix idéal est relativement compliqué et va vous demander de réaliser de nombreux tests.

Je vous conseille de proposer un prix de lancement, puis de faire plusieurs promotions et de voir ce qui fonctionne le mieux pour votre produit.

En France, vous devez afficher un prix identique pour tous vos clients et vous n'avez pas le droit d'avoir différents tarifs pour un même produit au même moment.

Vous avez en revanche le droit de faire des promotions, du moment qu'elles affichent une date limite et qu'elles soient identiques pour tous vos visiteurs.

Pour fixer votre prix, il va vous falloir connaître la valeur que votre client perçoit de votre produit.

Plus la valeur perçue de votre produit sera grande, et plus vous pourrez fixer un prix élevé, indépendamment du prix qu'il vous a coûté à réaliser ou du prix de la concurrence.

En effet, le client se soucie peu de savoir combien le produit vous a coûté à réaliser.

Que le produit vous ait coûté cher ou pas à fabriquer, si cela ne résout pas son problème, il ne paiera pas pour l'acquérir.

C'est la raison pour laquelle plus le problème que votre produit solution est grand, et plus le client va être amené à payer cher car le produit aura beaucoup de valeur pour lui.

C'est comme ça que vous pourrez afficher des prix plus élevés que la concurrence sans aucun problème.

Voici un exemple pour comprendre la notion de valeur perçue de votre produit.

Imaginez que vous vendez une bouteille d'eau de 50 cl en plein cœur de Paris.

Vous pouvez espérer la vendre un ou deux euros, mais pas beaucoup plus car vous ne solutionnez pas un gros problème. Au pire, le client avait une petite soif passagère et a décidé sur une impulsion d'acheter votre bouteille.

Imaginez maintenant que vous vendez cette même bouteille d'eau en plein milieu du désert. Cette fois-ci, la bouteille d'eau devient vitale pour votre client et il perçoit sa valeur comme pouvant lui sauver la vie.

Il va donc être prêt à donner bien davantage qu'un ou deux euros, peut être quarante ou cinquante euros pour cette même bouteille.

Ainsi, plus vous arriverez à faire en sorte que votre produit soit perçu comme ayant de la valeur, plus vous pourrez afficher des prix élevés.

C'est aussi pour ça que je vous conseille, si vous vendez un livre électronique ou un DVD, de vous affranchir au maximum du vocabulaire lié au contenant et d'utiliser du vocabulaire se concentrant sur le contenu.

Pour ça, remplacez les mots liés au contenant comme
«ebook» ou «DVD» par les mots liés au contenu comme
«méthode» ou «système».

Encore une fois, trouver le prix idéal est une question de
tests.

Testez un même prix en changeant votre argumentaire de
vente et testez plusieurs tarifs pour chaque argumentaire
jusqu'à trouver la formule qui fonctionne le mieux.

IV.6- Des Preuves Solides.

La règle d'or pour un argumentaire de vente réussi est de systématiquement faire suivre par une preuve toute affirmation que votre produit est le meilleur.

Vous pouvez utiliser deux types de preuves : la preuve sociale et la preuve d'autorité.

La preuve sociale tire sa force dans le nombre d'autres personnes qui sont déjà clientes.

Son but est de faire passer le message suivant :
«Tant de personnes sont des clients, pourquoi pas moi?»

Voici quelques exemples de preuve sociale :
«Le produit préféré des 25-35 ans.»
« Déjà 7000 clients.»
«Meilleure vente en France.»

La preuve d'autorité tire sa force en utilisant l'avis d'experts.

Le message à faire passer est :
«Ce produit est conseillé par des experts, je leur fais confiance.»

Quelques exemples :
«Recommandé par le scientifique X, expert dans tel domaine.»
« 84% des spécialistes utilisent le produit X.»
« Vu à la télé.»
« Le produit le plus utilisé chez les pilotes d'avion.»

Si vous le pouvez, utilisez les deux types de preuves. Ça ne fera que renforcer la force de conviction de votre argumentaire.

COMMENT OBTENIR FACILEMENT DES TÉMOIGNAGES CLIENTS.

Obtenir des témoignages clients réels est essentiel sur toute bonne page de vente.

Voici une méthode qui fonctionne redoutablement bien, et qui vous permettra d'obtenir des témoignages clients sans aucun effort ni temps additionnel.

De plus, ces témoignages seront réels et non inventés (pratique qui est par ailleurs totalement illégale).

L'idée est de créer un questionnaire de satisfaction client, que vous enverrez à vos clients au bout de sept jours ou plus suivant leur achat.

Vous pouvez automatiser l'envoi de ce questionnaire en utilisant un service d'envoi d'email automatique tel que Aweber (www.aweber.com), Getresponse (www.getresponse.com) ou encore Icontact (www.icontact.com).

Il suffit simplement d'écrire un email dans lequel vous mettez le lien de votre questionnaire de satisfaction, et le service se chargera pour vous de l'envoyer au moment voulu après l'achat.

De cette manière, vous êtes assurés que tous vos clients recevront ce questionnaire de satisfaction au même moment, et que vous n'aurez oublié personne.

Pour faire le questionnaire, vous pouvez utiliser des services gratuits tels que Google Docs (www.google.com/docs) qui rassemblera automatiquement les réponses dans un fichier xls, ou encore un service dédié tel que Survey Monkey (www.surveymonkey.com).

Rédigez les questions de manière à guider les réponses des clients vers un témoignage positif que vous pourrez utiliser pour servir la cause de votre produit.

Par exemple :

«En quoi le produit X vous a aidé à résoudre tel problème?»
«Quel aspect du produit X vous plaît-il davantage que ses concurrents?»

A la fin du questionnaire, ajoutez une case vous autorisant à publier les réponses, par exemple :

«J'autorise X à publier mes réponses.»

La plupart vous autoriseront à publier leurs réponses.

Cette méthode est l'une des plus efficaces pour obtenir des témoignages pertinents et de manière tout à fait légale.

Vous pouvez bien entendu profiter de ce questionnaire pour identifier les choses à améliorer ou à rajouter.

IV.7- Un Appel A Passer A l'Action.

Saviez-vous qu'il est possible d'accroître de 10 à 15% le nombre de ventes simplement en modifiant le texte figurant sur et autour du lien menant à la page de paiement ?

Le but ici est d'indiquer clairement l'action que le client doit effectuer.

Ça peut paraître bizarre voire stupide, mais les gens ont besoin qu'on leur dise exactement quoi faire.

Par exemple :
«Cliquez ici pour recevoir votre formation.»

Pour renforcer l'appel à l'action, je vous conseille d'utiliser des éléments d'urgence temporels et/ou quantitatifs afin de presser le client à acheter et ne pas remettre à plus tard sa décision.

Quelques exemples :
«Achetez maintenant : cliquez ici pour commander»
«Recevez votre formation tout de suite.»
«Offre valable seulement 24h : commandez maintenant»
«Offre valable jusqu'à épuisement des stocks»
«Plus que 14 exemplaires restants : achetez le vôtre immédiatement»
«Stocks limités : cliquez ici pour un achat immédiat»

Une autre technique consiste à rappeler le plus gros avantage de votre produit sur le texte qui précède ou qui suit immédiatement le lien menant à la page de paiement.

Par exemple :
«Maîtrisez l'Espagnol en un week-end. Obtenez la méthode
:»
«Réalisez des vidéos professionnelles en un clic.
Commencez maintenant :»

Dernière chose, doublez autant que possible les liens avec
un bouton et un lien texte.

Allez savoir pourquoi, certaines personnes préfèrent
commander en cliquant sur un bouton et d'autres sur un
lien texte.

Par exemple, inscrivez sur le bouton :
«Achetez tout de suite»

Et sur le lien texte en dessous :
«Cliquez ici pour commander dès maintenant»

Vous avez un large choix de possibilités pour améliorer
votre appel à passer à l'action.

Inspirez-vous également des autres sites de vente en ligne
connus qui fonctionnent bien pour voir comment ils font
leur appel à l'action.

Nous allons voir dans la partie suivante comment optimiser
l'ensemble de votre page de vente, et notamment le
design de vos boutons d'achat qui joue un rôle essentiel
dans l'efficacité de l'appel à l'action.

IV.8- Optimisez Votre Page De Vente.

Le seul but de votre page de vente est de vendre votre produit, et vous allez supprimer et modifier ici toutes les choses qui ne servent pas ce but unique.

Commencez par supprimer tous les liens inutiles qui mènent à autre chose que la page de paiement. Vous ne voulez pas que vos visiteurs se dispersent. Vous voulez les garder concentrés et les faire rester sur la page de vente, pas les faire quitter la page.

La seule action que le client doit pouvoir faire c'est de cliquer sur le bouton d'achat.

Supprimez donc le menu et les liens qui mènent vers d'autres pages de votre site web.

De même, supprimez toutes les publicités, bannières et liens d'affiliés qui pourraient se trouver sur votre page de vente.

A la rigueur, vous pouvez juste garder tout en bas de votre page de vente un lien pour les conditions générales, un autre pour les mentions légales et un dernier pour le formulaire de contact. Mais c'est tout.

Le visiteur doit également voir de quoi il est question et voir un premier bouton d'achat dès le début de votre page de vente, avant même qu'il ne fasse défiler votre page en utilisant la barre de défilement sur le côté de l'écran.

Pour le design général, le minimalisme est aussi de mise. Evitez des designs encombrants et optez pour un design simple et propre.

Le design de chacun de vos boutons de vente est lui aussi primordial. Faites le bouton large et très visible, voire ludique. C'est ce qui fonctionne le mieux.

Si vous ne savez pas comment faire un bouton qui fasse de l'effet, vous pouvez en faire gratuitement en seulement quelques clics de souris en utilisant le site Da Button Factory (http://dabuttonfactory.com/).

Mettez des boutons de vente régulièrement, tout au long de votre page de vente. N'hésitez pas à en intercaler aussi si vous avez de longues listes de puces promesses ou d'avantages.

Analysez les endroits où les visiteurs passent leur curseur de souris le plus souvent et mettez les boutons d'achat à ces endroits là. Pour identifier ces zones, vous pouvez utiliser une heatmap avec des services tels que Crazy Egg (www.crazyegg.com).

Par ailleurs, chacun de ces boutons d'achat doit mener le plus rapidement possible sur la page de paiement. Le mieux étant que directement après le clic sur le bouton d'achat, le client soit redirigé vers la page de paiement en ligne où il va pouvoir entrer ses coordonnées bancaires.

Evitez donc au maximum de faire passer le client qui clique sur le bouton «acheter» par un parcours du combattant pour effectuer son paiement (création de compte, vérification d'adresse email, remplissage de nombreux champs inutiles etc.).

Ça risque juste créer plus de frustration et vous faire perdre des ventes.

Au pire, il aura tout le temps de faire toutes ces étapes superflues une fois qu'il aura réalisé son paiement.

Nous allons maintenant voir dans les pages suivantes le style et le ton à adopter pour rédiger votre page de vente.

IV.9- Le Style Et Le Ton De Votre Page De Vente1.

Ces quelques règles simples d'écriture vont pouvoir vous faire gagner jusqu'à 30% de ventes en plus si vous les appliquez, sans augmenter votre trafic et sans modifier votre prix.

UTILISEZ DES PHRASES COURTES.

D'abord, utilisez des phrases courtes.

La règle est d'avoir une seule information par phrase. Si vous en avez deux, coupez la phrase en deux.

UTILISEZ DES MOTS SIMPLES.

Inutile d'utiliser des mots complexes pour faire sérieux et de parler «synchronisation par sémaphores booléens des processus parallèles d'optimisation de traitement de l'image» pour vanter les mérites d'un logiciel de retouche de photos.

Vous n'êtes pas là pour étaler votre science mais pour vendre. Le client va peut-être trouver que ça fait sérieux (si toutefois il comprend tout), mais il risque de quitter votre page tellement il va s'ennuyer car vous n'aurez pas su lui simplifier la lecture.

Retenez que le client qui lit votre argumentaire ne doit avoir aucun effort de compréhension à faire, sinon il va vous quitter.

Ravalez donc votre envie de montrer votre science et utilisez des mots simples que tout le monde comprend facilement.

AÉREZ.

Passez à la ligne autant que besoin. Sautez des lignes plus souvent qu'à votre habitude. Raccourcissez vos paragraphes.

Votre texte doit respirer, alors aérez-le.

UTILISEZ LE GRAS ET/OU LE SURLIGNAGE.

La plupart des gens ne lisent pas, ils scannent.

Ils parcourent rapidement la page de vente jusqu'à tomber sur un mot ou une partie qui retient leur attention, et sur laquelle ils vont s'arrêter pour lire en détails.

L'idée, c'est donc qu'on puisse **comprendre tout** votre argumentaire simplement en lisant ce que vous avez mis en gras.

PARLEZ AU CLIENT PLUTÔT QUE DE VOUS.

Le centre de votre argumentaire n'est pas votre personne mais le client et son problème.

Utilisez donc au maximum les termes «vous», «votre», «vos» plutôt que «je» ou «nous» et centrez-vous sur votre client.

Le client ne s'intéresse en effet guère à la grandeur et l'autosatisfaction de votre entreprise mais s'intéresse à la résolution de ses problèmes.

Regardez par exemple ces deux approches radicalement différentes :

1- Alpha informatique est un prestataire fort de 2000 collaborateurs et reconnu dans plus de 50 pays pour son excellence dans la gestion de configuration.

2- Où que vous soyez dans le monde et à tout moment, votre gestion de configuration est prise totalement en charge : 2000 collaborateurs vous sont dédiés 24h/24 dans plus de 50 pays chez Alpha informatique.

Voyez-vous la différence nette de point de vue ?

Le deuxième texte est centré totalement sur le client, alors que le premier est centré sur l'entreprise uniquement.

Parlez donc au client et arrêtez de parler de vous.

UTILISEZ UN TON JOURNALISTIQUE ET PAS COMMERCIAL.

Votre page ne doit pas avoir l'air d'un speech commercial dans lequel vous faites votre autopromotion.

Bien au contraire, elle doit utiliser un ton journalistique et apporter de l'information à votre lecteur.

De la même façon qu'un article de journal, elle doit apporter du contenu de qualité et apprendre quelque chose de pertinent à ceux qui la lisent, à propos de votre produit et de ce qu'il est possible de faire avec.

Si vous adoptez un style trop promotionnel, ça va avoir tendance à faire fuir vos clients.

Voici un exemple de titre promotionnel :

«Un système révolutionnaire pour devenir le meilleur joueur d'échecs du monde.»

Ce titre exprime clairement une prise de position et n'est pas objectif.

A la place, rendez-le objectif et informatif, exactement comme le feraient les journaux et les magazines :

«Un système innovant pour devenir un expert aux échecs.»
«Devenir un champion d'échecs en une semaine, est-ce vraiment possible?»

Utilisez donc un style objectif et journalistique dans l'intégralité de votre page de vente, dès le titre et jusqu'au dernier mot.

IV.10- Utilisez Le Split Testing.

Si vous avez suivi les conseils précédents, alors vous avez déjà fait le maximum pour proposer une bonne page de vente.

Mais ce n'est pas suffisant. Il va vous falloir tester cette page en permanence en la comparant à une variante de cette page pour voir laquelle donne les meilleurs résultats.

C'est ce qu'on appelle le split testing. L'idée consiste à répartir les visiteurs sur différentes versions de votre page de vente.

Je vous conseille de ne toujours tester que deux versions de votre page de vente en même temps (c'est ce qu'on appelle le A/B Testing), afin ne pas vous mélanger les pinceaux en ayant à analyser trop de paramètres.

De la même manière, ne faites varier qu'un seul paramètre à la fois dans vos pages de vente, sinon vous n'arriverez pas à identifier le paramètre responsable d'un meilleur résultat de conversion.

Quelques exemples d'A/B tests :

Exemple 1 :
Version A avec un bouton rouge
Version B avec un bouton jaune

Exemple 2 :
Version A avec un titre 1
Version B avec un titre 2

Exemple 3 :
Version A avec une image de votre produit
Version B avec une image différente de votre produit

Etc.

Pour chaque test, sélectionnez la page ayant donné le meilleur taux de conversion, et remplacez la version perdante par une nouvelle qui testera un autre paramètre.

Bien entendu, il faut attendre d'avoir eu un nombre suffisant de transformations pour avoir un échantillon représentatif pour désigner la page donnant les meilleurs résultats.

C'est aussi pour cette raison que je vous conseille de ne tester que deux versions différentes de votre page de vente à la fois, car si votre trafic est faible, vous risqueriez d'attendre des mois avant d'avoir des résultats significatifs qui vous permettent de prendre une décision.

Faites ceci indéfiniment pour améliorer en permanence vos pages de vente, et testez toujours deux versions différentes simultanément. Travaillez votre test étape par étape, élément par élément.

Même si le split testing prend du temps, c'est la manière la plus efficace d'obtenir une page de vente rentable.

QUEL OUTIL UTILISER POUR FAIRE DU SPLIT TESTING.

Le meilleur outil pour faire du split testing est gratuit, il s'agit de Google Analytics (https://www.google.com/analytics/).

Il est très simple à mettre en place. Il suffit de coller des codes tout faits en haut ou en bas des différentes versions de vos pages de vente.

L'outil envoie alors automatiquement les visiteurs vers l'une ou l'autre des versions.

Les transformations sont mesurées par un code qui analyse le nombre de visites sur la page de confirmation après achat (par exemple la page de remerciement).

Comme je l'ai expliqué précédemment, je vous conseille de n'utiliser que l'option A/B Testing de Google Analytics et pas les tests à plusieurs variables.

IV.11- Les Modes De Paiement.

Il existe une multitude de choix pour choisir le mode de paiement qui vous convient le mieux.

Votre banque propose sûrement une offre pour gérer vos paiements en ligne.

Vous pouvez également utiliser Paypal (www.paypal.com), qui est l'un des modes de paiement le plus largement utilisé et répandu.

De plus, il vous offre un paiement journalier, ce qui vous permet d'accélérer le roulement «achat de publicités > ventes > achat de publicités plus grand», et donc d'agrandir rapidement votre campagne, même si vous l'aviez démarrée avec un tout petit budget.

Voici quelques autres systèmes de paiement :
Commerce Gate (www.commercegate.com)
Authorize.Net (www.authorize.net)
2Checkout (www.2checkout.com)

Quoiqu'il en soit, vous devez faire attention à plusieurs critères lorsque vous choisissez un système de paiement en ligne.

Choisissez un système de paiement avec des pages ergonomiques et qui inspirent confiance.

Selon le système de paiement que vous choisissez, les pages de paiement peuvent avoir un design et une ergonomie très variable qui inspire confiance ou au contraire qui sème un doute.

Faites donc attention à ça car une mauvaise ergonomie peut vous faire perdre des clients en les dissuadant d'acheter.

Par ailleurs, soyez attentif à la fréquence à laquelle vous allez être payé.

Plus vous pourrez être payé rapidement, plus vous pourrez utiliser l'argent rapidement pour élargir vos campagnes. C'est pourquoi évitez de choisir un système de paiement qui vous paie sur une base mensuelle.

Regardez aussi le pourcentage de commission prélevé par le système de paiement à chaque transaction. Bien souvent, la commission va être dégressive selon le volume de ventes mensuelles.

Enfin, vous devez savoir que certains systèmes de paiement vont également conserver un petit pourcentage (rolling reserve) de ce que vous gagnez pour se protéger en cas de plaintes de clients ou de demandes de remboursement (chargeback).

Ainsi, plus votre activité fera face à des demandes de remboursement nombreuses, plus les frais de votre prestataire risquent d'être élevés, et plus la garantie de sécurité retenue (rolling reserve) sera importante.

V- FAITES LA PROMOTION DE VOTRE PAGE DE VENTE (7 JOURS).

Votre page de vente étant prête, il vous faut maintenant y faire venir du trafic de qualité, c'est-à-dire du trafic qui doit être à la fois rapide, ciblé et en quantité suffisante.

Nous allons voir dans les pages qui suivent les moyens d'y arriver rapidement.

V.1- Lancez Des Campagnes De Publicité.

Un des moyens les plus efficaces est d'utiliser une régie publicitaire comme Google Adwords (www.google.com/adwords).

Vous allez ainsi pouvoir afficher votre publicité dans les espaces de publicités que Google met à disposition à côté des résultats de recherche organique dès qu'un internaute tape un mot-clé en rapport avec votre produit.

N'espérez pas voir votre page de vente s'afficher dans les résultats organiques de Google lorsqu'un internaute tape un mot-clé lié à votre produit. Le référencement naturel prend en général des mois, et ce n'est pas avec une simple page de vente que Google va considérer être du contenu suffisant pour bien le référencer.

Le seul moyen d'espérer être en première page de Google (ce qui est essentiel car plus de 90% des internautes qui font une recherche ne vont même pas voir la deuxième page d'après une étude de Chitika Insights) est donc d'utiliser leur régie publicitaire Adwords et de voir vos publicités s'afficher.

Adwords se base sur le principe du coût par clic ou *cost per click* (CPC). C'est-à-dire que lorsqu'un internaute va taper un mot-clé relatif à votre produit dans Google, votre annonce va s'afficher dans l'espace publicitaire dédié mais vous ne payez que si cet internaute clique sur votre annonce. Vous ne payez pas l'affichage simple de votre annonce.

Le coût par clic dépend de plusieurs facteurs, dont la concurrence est le plus important. Plus il y a d'annonceurs en compétition sur un mot-clé, et plus votre coût par clic sera élevé si vous souhaitez apparaître en bonne place. C'est un système d'enchères.

Un autre facteur influant sur votre coût par clic sera votre taux de clic ou *click through rate* (CTR), c'est-à-dire le rapport entre le nombre de clics sur votre annonce par rapport au nombre d'affichages de votre annonce.

Par exemple, si 19 internautes cliquent sur votre annonce qui s'est affichée 100 fois, votre CTR sera de 19%.

Votre but sera donc d'obtenir le CTR le plus élevé possible pour chacune de vos annonces, ce qui vous permettra de payer moins cher votre coût par clic.

En effet, si votre CTR est bas, ça veut dire que Google utilise son espace publicitaire pour afficher des annonces qui ne sont pas cliquées, et donc qui ne lui rapportent rien du tout. Pour compenser, Google va donc vous faire payer votre coût par clic beaucoup plus cher, d'où l'intérêt d'avoir un CTR le plus élevé possible.

Nous allons voir dans les pages qui suivent la stratégie que j'utilise pour créer mes campagnes de publicité à chaque lancement d'un nouveau produit.

V.1.a- Dressez une liste de mots clés très spécifiques.

La première étape la plus importante est de dresser une liste de mots clés très spécifiques relatifs à votre produit.

Votre but va être de trouver des mots-clés qui sont très recherchés par les internautes et qui ont peu de compétition et donc un coût par clic bas.

Pour le moment, listez précisément les mots-clés auxquels vous penseriez taper spontanément dans Google pour voir s'afficher votre annonce.

Evitez les mots-clés composés d'un seul mot et cherchez autant que possible des mots-clés de plusieurs mots. Plus un mot clé aura de mots, et plus vous avez de chances que la compétition soit faible et surtout de bien cibler les internautes qui vont cliquer sur votre annonce.

Il vaut nettement mieux avoir une liste de 100 mots-clés longs qui ont chacun 200 recherches mensuelles plutôt qu'un seul mot-clé court et qui a 20000 recherches mensuelles.

En effet, non seulement le mot-clé court aura beaucoup de compétition et donc vous paierez très cher le coût par clic, mais en plus il vous apportera du trafic non ciblé et des visiteurs qui n'ont que faire de votre produit.

Par exemple si vous vendez des chaussures Nike qui se lacent toutes seules et que vous demandez à Google d'afficher vos annonces à chaque fois que quelqu'un tape le mot «chaussures», vous serez en compétition avec tous ceux qui vendent des chaussures, quelles qu'elles soient.

Si une femme cherche des chaussures à talons hauts et qu'elle tape simplement «chaussures», votre annonce s'affichera.

Lorsqu'elle verra votre annonce s'afficher, elle verra que ça ne correspond pas à sa recherche et il y a de fortes chances qu'elle ne clique pas dessus, ce qui fera chuter votre CTR et donc vous paierez plus cher votre coût par clic à Google.

Et si jamais elle clique dessus, elle ne sera de toutes façons pas intéressée par vos Nike et vous perdrez de l'argent.

En revanche, si vous vendez ces mêmes chaussures Nike auto-laçantes mais que vous choisissez un mot-clé long du style «chaussures Nike qui se lacent toutes seules», ce mot-clé sera certes moins tapé dans Google que le mot «chaussures», mais vous attirerez des internautes qui cherchent exactement le produit que vous vendez.

Non seulement vous aurez beaucoup moins de concurrence ce qui fera diminuer votre coût par clic, mais il y a aussi de fortes chances qu'ils cliquent sur votre annonce, ce qui fera augmenter votre CTR et diminuera encore davantage votre coût par clic.

Dressez donc une liste de mots-clés aussi spécifiques que possible.

L'étape suivante va consister à mesurer le nombre de recherches mensuelles et la concurrence qu'il y a pour chacun des mots-clés que vous avez trouvés, et également à affiner votre recherche de mots-clés en en trouvant des nouveaux, afin de sélectionner vos mots-clés gagnants.

V.1.b- Affinez votre recherche avec Keyword Planner.

Une fois que vous avez établi votre liste de mots-clés spécifiques, soumettez-la à l'outil gratuit de Google (déjà vu au II.2.b): Keyword Planner (https://adwords.google.fr/KeywordPlanner).

Cet outil va vous donner pour chacun de vos mots-clés le volume mensuel de recherches, une indication de la compétition et vous suggérer un coût par clic qui vous assurera d'afficher votre annonce en bonne position si quelqu'un tape le mot-clé associé.

Par ailleurs, vous pouvez cibler ces indicateurs par pays, par région ou par langue. Par exemple, si votre page de vente est en Français et que vous voulez vendre votre produit uniquement sur la France ou dans une ville comme Bordeaux, inutile de sélectionner le reste du monde car cela ne vous concerne pas d'afficher votre annonce au fin fond de l'Argentine ou du Guatemala.

Eliminez donc les mots-clés de votre liste qui n'ont presque pas de trafic et ceux où la compétition est trop forte.

Utilisez les mots-clés supplémentaires et synonymes que l'outil vous suggère pour trouver des bonnes alternatives aux mots-clés que vous avez supprimés.

Comme nous l'avons évoqué précédemment, l'idée est de trouver des mots-clés avec une compétition minime mais avec tout de même un nombre suffisant de recherches.

Pour cela, vous pouvez prendre par exemple un mot-clé de base et affiner la recherche en rajoutant des détails à ce mot clé.

Admettons que vous vouliez vendre des batteries de portable, et que vous avez un mot-clé de base «batteries de portable».

Il se peut alors que Keyword Planner vous suggère des expressions qui complètent ce mot-clé, mais vous pouvez également compléter ce mot-clé en rajoutant par exemple une marque de portable comme «batteries de portable Dell», ou une caractéristique «batteries de portable longue durée» ou toute autre spécificité, et voir les volumes de recherches qui en découlent. Vous affinerez et enrichirez ainsi votre liste de mots-clés.

Enfin, choisissez des mots qui filtrent les internautes qui n'ont pas l'intention d'acheter votre produit mais juste l'intention de regarder.

Par exemple, si vous faites la promotion d'un site de photographies professionnelles, beaucoup d'internautes vont se rendre sur ce site pour contempler les photos et trouver de l'inspiration, sans aucune intention d'acheter quoi que ce soit.

Vous devez éviter de faire cliquer ce genre de personnes sur vos annonces.

Pour cela, il faut vous mettre dans la tête d'un client potentiel qui vous cherche sur Google, et voir les mots-clés qu'il pourrait taper pour vous trouver et que la catégorie de non acheteurs ne taperait pas.

Par exemple «tarif photographie professionnelle» ou «devis photo mariage». C'est à vous de trouver ces mots-clés.

Note complémentaire :
Si vous utilisiez déjà l'outil Keyword Planner (anciennement Keyword Tool), sachez qu'il affiche désormais les volumes de recherches mensuelles liés aux mots-clés exacts que vous tapez. Vous n'avez donc plus besoin de vous encombrer à mettre vos mots-clés entre crochets, comme cela fût le cas par le passé.

V.1.c- Groupez vos mots-clés par thème.

L'étape suivante consiste à grouper vos expressions par thèmes, autour d'un mot-clé unique qu'elles contiennent.

L'idée sera de lier par la suite chaque groupe de mots-clés à une publicité différente, adaptée à ces expressions.

Grouper les publicités par thème aura le mérite d'augmenter votre CTR (taux de clic) grâce à un meilleur ciblage.

Par exemple :

Groupe 1 :
Apprendre la guitare
Apprendre la guitare en ligne
Apprendre la guitare sur internet
Apprendre la guitare sur Bordeaux

Groupe 2 :
Cours de guitare
Cours de guitare en ligne
Cours de guitare sur internet
Cours de guitare sur Bordeaux

Etc.

Créez sur votre compte Adwords un groupe d'annonces séparé pour chacune de vos listes de mots-clés (chaque campagne peut être divisée en plusieurs groupes d'annonces).

V.1.d- Passez à la rédaction de vos annonces.

Votre campagne est presque prête et il ne vous reste plus qu'à rédiger vos annonces.

Le but est de rédiger des annonces qui vont faire cliquer les internautes, afin d'augmenter le CTR (taux de clic) que nous avons abordé tout à l'heure et diminuer ainsi votre coût par clic.

Une bonne technique pour rédiger des annonces sur lesquelles les internautes vont vouloir cliquer consiste à inclure dans le titre de l'annonce le mot-clé exact cherché par l'internaute, ou au moins le mot-clé principal de l'expression qu'il a entrée.

De cette manière, il verra que votre annonce comporte le même mot-clé qu'il a tapé, et il sera donc plus enclin à cliquer sur votre annonce.

Par exemple, si je cherche «apprendre la guitare» et que je vois un lien qui affiche «apprendre la guitare», je serais certainement plus enclin à cliquer sur ce lien que si je lisais «cours de guitare».

De plus, si le mot-clé de votre annonce correspond à celui tapé par le visiteur, Google affichera ce mot-clé en gras dans votre annonce, ce qui aura pour effet d'améliorer encore plus le taux de clic en rendant votre annonce plus visible.

C'est aussi une des raisons pour laquelle il est important de grouper vos mots-clés par thèmes comme expliqué précédemment, dans des groupes d'annonces distincts.

Pour chaque groupe d'annonce, rédigez deux annonces qui contiendront le mot-clé principal dans leur titre.

Le but sera ensuite de split tester ces annonces (faire apparaître par exemple la première annonce 50% des fois où le mot-clé est tapé, et la deuxième annonce les 50% des fois restants) et de voir pour chaque groupe d'annonce laquelle des deux donne le meilleur taux de clic.

Et de répéter l'expérience indéfiniment, afin d'améliorer la campagne en permanence.

V.1.e- Mesurez vos résultats.

Il est capital de mesurer les résultats que donnent vos annonces afin de les améliorer.

Adwords va vous permettre de mesurer cela très simplement, en vous fournissant des rapports détaillés de toutes les métriques dont vous avez besoin telles que le taux de transformation de groupe d'annonce, de chaque annonce, de chaque mot-clé, ainsi que le coût par transformation (le prix que vous devez payer en publicité pour obtenir un client).

Supprimez les mots-clés ou annonces inefficaces qui ne convertissent pas les visiteurs en clients, et allouez le budget ainsi libéré à de nouveaux mots-clés, nouvelles annonces, ou mots-clés et annonces existants qui semblent convertir davantage.

Vous améliorerez ainsi progressivement votre coût par transformation en augmentant progressivement la marge entre ce que vous coûte la publicité pour acquérir un client et ce que vous rapporte un client qui achète votre produit.

Pour accéder à ces données et les visualiser sur votre compte, il vous suffit des permettre à Adwords de les récolter en copiant le code fourni par Adwords et en le collant sur la page qui suit l'achat de votre produit (par exemple la page de remerciement de votre site web).

V.1.f- Commencez petit puis augmentez votre budget.

Commencez par un petit budget en investissant une somme que vous pouvez vous permettre de perdre tous les jours.

Le but de cette mise initiale est d'accumuler les données statistiques pour savoir quels sont les mots-clés le plus rentables et ceux qui vous font perdre de l'argent.

Une fois que vous aurez atteint une vingtaine ou trentaine de transformations, vous aurez suffisamment de données statistiques pour en tirer des conclusions sur les mots-clés qui marchent et ceux qui n'apportent pas de résultats.

Vous pourrez alors revoir vos enchères en privilégiant les mots-clés qui fonctionnent et en supprimant ceux qui vous font perdre de l'argent.

De la même manière, analysez les résultats de chacune des deux annonces que vous avez rédigées. Gardez celle qui a donné les meilleurs résultats et remplacez l'autre par une nouvelle annonce.

L'idée est de toujours tester deux annonces à la fois dans chaque groupe d'annonces pour améliorer en permanence le taux de clic.

Si votre campagne n'est pas rentable dès le début rassurez-vous, c'est tout-à-fait normal.

Ce n'est qu'en améliorant de manière continue la sélection et les mises sur vos mots-clés et vos annonces que vous arriverez à des résultats très prometteurs.

Une fois que vous avez déterminé le seuil à partir duquel vous faites des bénéfices et que vous connaissez votre revenu par euro dépensé, il est temps d'augmenter votre budget publicité en réinvestissant ce que vous gagnez.

Si par exemple vous savez que vos clients vous font gagner 1,48€ pour chaque euro que vous dépensez en publicité, vous gagnerez donc 148€ pour 100 euros dépensés et 1480€ pour 1000 euros dépensés.

Il est alors temps d'investir le plus rapidement possible le maximum d'argent afin de tirer un maximum de bénéfices en atteignant les limites de trafic que Google peut vous fournir.

Lorsque vous arrivez à établir ce genre de dynamique, votre processus de vente fonctionne quasiment de manière automatique et vous créez une véritable machine à générer du cash.

C'est notamment tout l'intérêt d'avoir un système de paiement tel que Paypal, qui permet un paiement sur une base journalière et donc vous permet de réinvestir rapidement l'argent que vous gagnez.

Imaginez la galère avec un système qui vous payait une fois par mois et le temps que vous mettriez pour amener vos campagnes à maturité.

V.2- Utilisez Le Réseau De Contenu.

Google Adwords vous donne également l'opportunité d'afficher vos annonces sur son réseau Display de ses sites partenaires (http://www.google.fr/ads/displaynetwork/).

Il s'agit de tous les blogs, sites d'informations et forums qui utilisent Google Adsense pour générer des revenus. Google affiche alors différentes annonces ou bannières sur un endroit dédié du blog ou du site web, et vous pouvez afficher votre annonce comme ça.

Sachez toutefois que les taux de clic et de transformation sont en général très bas, mais que ça constitue un bon complément à vos campagnes Adwords si vous arrivez à faire en sorte que votre campagne sur le réseau Display vous fasse gagner plus d'argent que vous en dépensez.

Si vous décidez d'annoncer sur le réseau Display de sites partenaires de Google, je vous conseille de créer une campagne séparée et dédiée à ça.

Je vous conseille également de réaliser un ciblage par site web et non pas par mot-clé.

Pour ça, identifiez les sites web et blogs dans votre thématique sur lesquels il serait pertinent d'afficher une publicité pour votre produit.

Il suffit juste de sélectionner l'option «Pages pertinentes uniquement sur les emplacements et pour les types d'audience que je gère» dans la rubrique «Réseaux et Appareils» des paramètres de votre campagne.

Vos publicités seront alors automatiquement affichées sur les sites que vous sélectionnez.

Au fil du temps, analysez les résultats de vos annonces sur chacun des sites choisis en consultant vos statistiques Adwords.

Supprimez vos annonces des sites qui ne vous rapportent rien, et augmentez vos enchères sur ceux qui vous donnent de bons résultats.

Plutôt que des annonces texte, ce qui fonctionne le mieux sur le réseau Display sont les bannières.

Evitez les bannières avec des tailles trop petites telles que 125x125.

Après de nombreux tests effectués, les tailles de bannières 300x250 ou 468x60 sont celles qui fonctionnent le mieux.

Concernant le design de vos bannières, ce qui fonctionne le mieux n'est pas forcément le plus esthétique ou le plus élaboré.

Par exemple, vous pouvez créer un document au format voulu sur Photoshop ou Gimp, y coller votre annonce qui fonctionne le mieux et l'entourer en rouge ou placer des flèches autour.

Essayez d'ajouter autant que possible des flèches et des boutons sur vos bannières, ça améliore le taux de clic.

Vous pouvez aussi y intégrer une image humaine, et notamment une image de femme qui a tendance a apporter des taux de clics supérieurs à celle d'un homme.

Concernant les animations sur les bannières, Google a tendance à les désapprouver, notamment les bannières clignotantes qui sont interdites.

Vous pouvez en revanche utiliser des éléments qui se déplacent, ce qui peut parfois aller jusqu'à doubler votre taux de clic.

Si vous ne voulez pas faire vos bannières vous-mêmes, vous pouvez faire appel à l'excellent service 20DollarBanners (http://www.20dollarbanners.com/) qui réalise des bannières professionnelles et qui vous assurent un taux de clic optimal. A noter que ce service est en Anglais.

Une fois que vous avez déterminé les sites sur lesquels vous avez le meilleur taux de clic et de transformation, vous pouvez contacter directement ces sites et négocier avec eux un tarif pour afficher vos publicités sans avoir à passer par Google Adwords.

Vous pourrez très certainement trouver un bon compromis où vous êtes tous les deux gagnants : vous obtenez un prix inférieur au coût par clic moyen que vous payez avec Google, et en échange ils sont mieux rémunérés que si vous passiez par Adwords puisque vous n'avez plus à payer la commission à Google.

Vous pouvez aussi négocier des tarifs fixes mensuels, indépendamment du nombre de clics ou d'affichages.

Cette dernière solution peut souvent être la plus économique pour vous.

V.3- Le Cas Facebook Ads : Rentable Ou Pas?

L'institut Nielsen Research estime que moins de 1% des ventes en ligne viennent de Facebook, et que le taux de transformation en clients sur Facebook est de 0,07% contre 1% sur un site marchand classique.

Autrement dit, si votre but est de vendre directement votre produit en utilisant Facebook Ads (https://www.facebook.com/advertising), oubliez tout de suite.

Et ça paraît logique.

Les utilisateurs vont sur Facebook pour se connecter avec leurs amis, se divertir, jouer, mais pas pour acheter un produit.

En revanche ce qui fonctionne avec les publicités sur Facebook, c'est de demander aux utilisateurs de réaliser une action simple et qui ne demande pas immédiatement un gros engagement tel que l'achat d'un produit.

Par exemple : s'inscrire sur une mailing liste pour recevoir un cadeau gratuit ou un coupon de réduction.

La meilleure stratégie pour rentabiliser une campagne de publicité avec Facebook Ads est donc de vous créer une page de capture d'email en donnant une raison valable pour s'inscrire, puis d'envoyer une séquence d'emails automatisés par la suite à l'aide de services tels que Aweber (comme abordé au IV.6) pour rediriger les inscrits sur votre page de vente et vendre votre produit.

Des sites proposant des réductions journalières tels que Groupon ou AppSumo sont de bons exemples de réussite avec Facebook Ads.

Une fois avoir cliqué sur leurs publicités, ils demandent juste votre adresse email. Ce n'est que plus tard qu'ils vous vendront des choses, au fil des emails qu'ils vous enverront.

L'avantage de Facebook par rapport à Adwords, c'est que vous pouvez cibler les internautes sur des critères aussi précis que le lieu géographique, le sexe, l'âge, les intérêts, les lieux où la personne a travaillé etc.

Pour ce qui concerne le coût par clic, il est directement lié à votre taux de clic (CTR).

Une fois que vous créez votre annonce, Facebook vous suggèrera une fourchette d'enchères.

Lorsque vous démarrez juste, choisissez une enchère proche de la partie basse de cette fourchette.

Votre CTR va alors rapidement commencer à dicter le prix que vous devrez payer pour avoir du trafic :

Si votre CTR est élevé, les enchères qui vous sont suggérées vont devenir plus faibles.

Si votre CTR est faible, vous devrez enchérir davantage pour chaque clic.

Je vous conseille de commencer avec un budget quotidien de seulement quelques euros. Moins de 10 euros sont en général suffisants pour que Facebook vous suggère déjà de nouvelles fourchettes d'enchères bien inférieures.

Utilisez-les pour baisser votre mise toujours en restant proche de la partie basse de l'enchère, et élevez votre budget journalier.

Optimisez sans cesse vos annonces et vos ciblages pour augmenter en permanence votre CTR.

V.4- Construisez-Vous Un Réseau De Revendeurs.

Que diriez-vous d'avoir une armée de personnes qui revendent pour vous votre produit, sans avoir à dépenser le moindre centime en publicité de votre poche ?

C'est possible en vous construisant un réseau de revendeurs.

Le distributeur le plus simple et le plus important à approcher est Amazon.

Il vous suffit de créer un compte sur Amazon Avantage (http://www.amazon.fr/gp/seller-account/mm-product-page.html?topic=200403920) et de fournir les informations liées à votre produit.

Le taux de remise (commission) exigé par Amazon varie selon le type de produits entre 50% pour les livres, 27% pour la musique et 41% pour la vidéo (DVD et VHS). Les taux de remise sont disponibles ici : (http://www.amazon.fr/gp/seller-account/mm-product-page.html?topic=200413300)

C'est une solution intéressante si votre produit est un produit matériel tel qu'un livre papier ou un DVD.

Amazon lance les commandes chaque dimanche soir et vous alerte des stocks nécessaires par email.

Vous livrerez d'abord un ou deux exemplaires, puis jusqu'à plusieurs dizaines en rythme de croisière si votre produit plaît à la clientèle et que vous avez de bons commentaires clients.

Si votre produit est 100% digital, dans ce cas vous pouvez le rendre disponible sur des plateformes d'affiliation.

Si il plaît, vous pouvez littéralement vous construire une mini armée d'affiliés qui vont vendre pour vous votre produit contre une commission allant généralement entre 10% et 75% (c'est vous qui la fixez dans la fourchette de manœuvre que chaque plateforme vous propose).

Plus la commission reversée aux affiliés est élevée, et plus votre produit va attirer des gens souhaitant en faire la promotion.

La plus grande plateforme sur Internet spécialisée dans les produits digitaux sur laquelle vous pouvez y mettre votre produit est Clickbank (http://international.clickbank.com/fr/).

Si vous cherchez une plateforme purement francophone, la plus importante est 1tpe (http://www.1tpe.com/).

Il existe une multitude d'autres plateformes intéressantes, mais certaines ne sont disponibles actuellement qu'en Anglais comme JVZoo (www.jvzoo.com) qui est une valeur montante et perçue comme proposant des produits de qualité.

En cherchant bien, vous trouverez certainement une plateforme d'affiliation correspondant à vos besoins.

Si votre produit est de la vidéo, vous pouvez également la proposer sur des places de marché telles que Tuto (fr.tuto.com).

Ici aussi cela ne vous coûtera rien car la plateforme se rémunère à la commission.

VI- MONTEZ VOTRE BLOG ET CRÉEZ UN RÉSEAU DE FANS (7 JOURS).

L'un des moyens les plus rapides pour obtenir un trafic de qualité ciblé et massif est très certainement ce qu'on a vu dans le chapitre précédent par la publicité au coût par clic.

Mais vous pouvez choisir d'avoir une autre source de trafic, cette fois-ci non plus en payant avec de l'argent mais avec du temps.

L'idée est de créer une place qui vous servira de base, et sur laquelle vous pourrez partager votre expertise et promouvoir votre produit et tous les nouveaux que vous créez.

Il s'agit de monter votre blog.

En effet, maintenant que vous avez réussi à créer une affaire qui marche avec les pages précédentes et qui vous rapporte de l'argent, il vous faut également penser à votre développement sur la durée, et monter un blog est un excellent moyen d'y arriver.

Nous allons voir dans les pages suivantes comment mettre en place votre blog et lancer tout ça, de manière à ce que cela vous fasse une base solide et qui vous permettra de vous projeter et développer votre business sur le long terme.

VI.1- Comment Vous Devez Penser Votre Blog.

Il y a deux manières de penser votre blog.

La première manière est faite pour satisfaire votre égo et montrer que vous êtes «celui qui sait». Cette stratégie est perdante d'avance car ce n'est pas elle qui vous fera gagner de l'argent.

La deuxième est de penser votre blog comme un business. C'est-à-dire de supprimer tout ce qui est inutile et de se concentrer sur les stratégies qui peuvent vous permettre de gagner de l'argent.

Les trois objectifs principaux d'un blog doivent être, par ordre d'importance :

1- D'augmenter le nombre d'inscrits à votre mailing liste
2- D'augmenter le nombre de fans sur les réseaux sociaux (Facebook et Twitter)
3- De Vendre vos produits

Supprimez tout le reste qui ne sert pas ces trois objectifs. Nous allons les reprendre plus en détail dans les pages qui suivent.

VI.2- Augmenter Le Nombre D'inscrits A Votre Mailing Liste.

Augmenter le nombre d'inscrits à votre mailing liste est de loin l'objectif le plus important de votre blog, car c'est dans votre liste que réside l'argent.

Avoir une liste d'inscrits est le meilleur moyen d'assurer une stabilité et pérennité pour votre business.

Dès que vous avez un nouveau produit à proposer, il vous suffit de créer un envoi automatique d'une séquence de trois ou quatre emails avec un lien de l'offre à promouvoir.

Le taux de transformation y est généralement très élevé car ces personnes se sont inscrites parce qu'elles voulaient plus d'information ou parce qu'elles aiment ce que vous faites.

Ainsi, cela vous donne une stabilité et l'assurance de rentrées d'argent régulières dans le temps.

Mettez donc des formulaires d'inscription à votre mailing liste à des endroits stratégiques de votre blog.

Ce qui fonctionne le mieux, c'est souvent entre le titre d'un article et l'article en question.

Vous pouvez aussi essayer de mettre le formulaire à la fin des articles.

Comme pour votre page de vente, faites des split tests en utilisant Google Analytics pour identifier les meilleurs endroits de votre blog où placer vos formulaires d'inscription, et pour tester plusieurs accroches différentes.

Pour donner envie à vos visiteurs de s'inscrire, il faudra que vos formulaires leur donnent une bonne raison de passer à l'action et de lâcher leur adresse email.

Ça peut être en leur promettant de recevoir régulièrement des astuces ou des conseils, ou en leur offrant un cadeau qui leur sera envoyé gratuitement à leur adresse email.

Utilisez des plateformes d'emailing réputées comme celles évoquées dans le IV.6 (Aweber, Getresponse, Icontact...).

Concernant le style de vos emails, personnalisez-les au maximum, par exemple en utilisant des balises qui afficheront le prénom de vos abonnés dans le message.

Il faut donner l'impression que le mail s'adresse à une seule personne.

Remplacer les phrases trop formelles par des expressions plus spontanées telles que «ah oui, j'ai oublié de préciser» ou «au fait» contribue à donner cette impression de personnalisation.

Pour ce qui est du contenu de vos emails, il ne doit pas être promotionnel et je vous conseille de ne rien essayer de vendre à l'intérieur.

La seule chose que vous devez vendre dans un email, c'est le clic vers un lien. Utilisez la curiosité et éveillez l'intérêt de vos lecteurs pour qu'ils aient envie de cliquer dessus.

Ces liens ne doivent pas systématiquement rediriger vers les pages de vente de vos produits, mais aussi vers du contenu gratuit que vous mettez sur votre blog, comme par exemple vos articles.

Alternez régulièrement les emails renvoyant sur du contenu gratuit et payant.

Par exemple, envoyez une séquence de deux emails avec des liens envoyant vos visiteurs sur du contenu gratuit, puis un email avec des liens envoyant sur la page de vente d'un de vos produits, ou d'un produit d'affiliation dont vous faites la promotion. Puis recommencez.

Rappelez-vous qu'il va vous falloir d'abord construire une relation de confiance avec vos lecteurs. Et le pire moyen de faire ça serait de les bombarder d'emblée et exclusivement avec de la promotion.

Ce n'est pas ce qu'ils recherchent et vous devrez donner avant de recevoir, en proposant de l'information gratuite et pertinente avant de faire la promotion de vos produits.

C'est non seulement indispensable pour ne pas faire fuir vos inscrits, mais aussi pour pré-vendre vos produits en suscitant l'intérêt et en leur démontrant votre expertise, sans tout dévoiler.

VI.3- Augmenter Le Nombre De Fans Sur Les Réseaux Sociaux.

Le deuxième objectif va être d'augmenter le nombre de fans sur les réseaux sociaux.

L'intérêt est double :

D'un côté, un grand nombre de fans va vous donner une preuve sociale importante que vous pourrez afficher sur votre blog sous forme de module social, ce qui fera gagner votre site et votre expertise en crédibilité.

D'un autre côté, un grand nombre de fans signifie aussi un plus grand nombre potentiel de partages et donc mieux faire connaître votre blog.

Facebook et Twitter sont les deux principaux réseaux sociaux sur lesquels je vous conseille de vous attarder.

Selon l'audience que vous allez vouloir cibler, vous pourrez miser davantage sur l'un que sur l'autre. Facebook attire plus une audience généraliste, alors que Twitter attire plus une audience liée à l'informatique, l'internet ou les technologies.

Concernant la stratégie d'animation de ces réseaux sociaux, je vous conseille de poster systématiquement un lien vers tout nouvel article que vous publiez sur votre blog.

Cette stratégie sera redoutablement efficace pour créer du trafic vers votre blog qui apportera des informations pertinentes.

Mais ne vous contentez pas seulement de poster des liens vers vos articles. Utilisez ces réseaux sociaux pour y publier du contenu intéressant afin de fidéliser vos abonnés et favoriser les partages, ce qui vous permettra de vous faire connaître.

Par contre comme expliqué précédemment, ne cherchez pas à vendre vos produits sur les réseaux sociaux.

Vous feriez fuir les gens qui ne sont pas là pour acheter quoique ce soit mais principalement pour retrouver leurs amis et se divertir.

VI.4- Vendre Vos Produits.

Le troisième objectif est de profiter de votre blog pour vendre vos produits et faire la promotion de vos produits.

Bien entendu vous ne devez pas faire que ça. La vente de vos produits doit s'insérer dans une stratégie globale dans laquelle vous allez créer du contenu grande qualité aux travers d'articles rédigés, de podcasts ou de vidéos dans lesquels vous allez apporter à vos lecteurs de l'information pertinente, utile et gratuite, sans toutefois tout dire.

Le but de vos articles va être d'apprendre quelque chose à vos lecteurs ou de les surprendre. Suffisamment pour leur mettre l'eau à la bouche et éveiller en eux le désir d'en savoir plus et donc d'acheter votre produit pour aller plus loin.

Par exemple, si votre blog porte sur la séduction, vous allez donner des conseils pertinents pour aborder une fille dans divers lieux, sur la manière d'assurer lors d'un premier rendez-vous etc, mais vous resterez dans les grandes lignes de ce que vous expliquez dans votre produit, sans rentrer dans les détails.

Les articles de votre blog doivent vous faire apparaître comme un expert en apportant des informations pertinentes et utiles au travers du contenu de grande qualité.

A la fin de chaque article gratuit, vous pouvez mettre par exemple une liste des produits associés en rapport avec l'article, pour aller plus loin.

Ou alors vous pouvez mettre à la fin de l'article un bouton du style «cliquez ici pour aller beaucoup plus loin», et qui dirigera le lecteur vers la page de vente de votre produit.

Enfin, il est important de choisir un bon rythme de publication en accord avec le temps que vous avez, mais suffisamment fréquent pour que les visiteurs ne désertent pas.

En effet, la régularité de publication est indispensable pour fidéliser votre audience.

Essayez de publier au minimum un article par semaine, mais évitez de publier un article par jour si vous n'en avez pas le temps.

Mieux vaut publier un ou deux bons articles dans la semaine qui vous font passer pour un expert plutôt que quinze articles par semaine qui vous font passer pour un rigolo.

Enfin, prévoyez une à deux semaines d'articles d'avance au cas où vous auriez un imprévu.

L'utilisation de la plateforme Wordpress (https://fr.wordpress.org/) pour monter votre blog est certainement ce qu'il y a de mieux, et elle vous permettra d'écrire plusieurs articles à l'avance et de planifier leur publication sans que vous n'ayez à intervenir.

VII- DERNIÈRES RECOMMANDATIONS.

Si vous avez effectué toutes les étapes de ce livre, alors vous êtes déjà sur le bon chemin de l'indépendance financière sur Internet.

Vos campagnes seront devenus rentables et vous aurez construit une stratégie vous permettant de développer votre business de manière stable et sur le long terme.

N'oubliez cependant pas d'optimiser régulièrement l'ensemble de vos campagnes.

Prévoyez pour ça deux heures par semaine pendant lesquelles vous allez consulter les performances de vos différentes annonces, mots-clés, pages de vente, et en profiter pour créer de nouvelles annonces ou de nouveaux split tests qui remplaceront ce qui donnait le moins de résultats.

Ne ratez sous aucun prétexte ce rendez-vous hebdomadaire car il est indispensable pour la pérennité de votre business.

Créez également de nouveaux produits régulièrement tout en restant dans la même thématique, et ne restez pas à promouvoir uniquement un seul produit.

Ça augmentera le panier moyen par client et votre chiffre d'affaire ne sera plus limité à un seul produit, notamment pour les clients existants qui sont une véritable mine d'or et qui achèteraient volontiers autre chose chez vous.

En effet, il est beaucoup plus facile de faire acheter un client qui a déjà acheté et qui est satisfait plutôt que d'en acquérir un nouveau.

La raison est que l'ancien client connait votre processus de vente et aussi la valeur que lui a apporté votre produit. Il n'est plus en terre inconnue et il vous fait confiance sur les produits à venir.

C'est pour ça que je vous recommande de rester dans une même thématique, car l'audience et les clients que vous avez acquis seront surtout intéressés par des produits qui complètent ceux qu'ils ont déjà achetés, et non par des produits qui n'ont rien à voir.

L'idée, c'est de créer un produit d'appel suffisamment complet pour que le client soit satisfait, mais en proposant un produit complémentaire au sein de ce même produit pour aller plus loin.

Par exemple, si votre produit porte sur l'apprentissage de la guitare d'accompagnement, vous pouvez ensuite proposer un produit complémentaire sur l'apprentissage de la guitare solo ou sur l'apprentissage de chansons connues.

Le simple fait de découper un produit très complet et cher en deux ou plusieurs produits plus petits et moins chers permet d'augmenter considérablement la dépense moyenne par client.

Et ainsi, vous pouvez proposer régulièrement de nouveaux produits que vos anciens clients seront ravis d'acheter, et qui augmenteront encore votre chiffre d'affaire par la même occasion.

VIII- CONCLUSION.

En mettant en pratique les conseils que j'ai partagés avec vous au fil de ces pages, vous avez dès maintenant la possibilité de vous créer un business sur Internet en partie automatisé, et d'atteindre l'indépendance financière et géographique.

Bien sûr, vous trouvez peut-être que ça fait beaucoup de choses à ingurgiter d'un seul coup, mais ça vaut vraiment le coup de vous y mettre et de persévérer.

Maintenant que vous connaissez les bons principes, il ne vous reste plus qu'à passer à l'action et profiter de la suite de votre vie avec plus de temps pour vous, vos proches et vos passions.

Avoir son business sur Internet est une chance incroyable pour réaliser ses rêves, et être enfin libre de mener sa vie comme on le désire.

Sans patron pour nous dicter ce qu'on doit faire, et sans horaires fixes où on doit être présent obligatoirement.

Cela dit, liberté rime aussi souvent avec responsabilité. Ce n'est pas facile pour beaucoup de gens d'accepter de perdre la pseudo sécurité d'une activité salariée pour se lancer et être enfin libre.

C'est une question de confiance en soi, une question de croire en ses capacités à créer sa propre indépendance. Et rien ne vous empêche bien sûr de commencer en parallèle de votre activité salariée dans un premier temps.

La sécurité de l'emploi est pour bien des gens ce qui les retient de ne pas passer à l'action, de ne pas réaliser leurs rêves, bien plus que la passion qu'ils ont à travailler dans leur domaine.

Cette sécurité est pourtant illusoire, car un licenciement peut intervenir à tout moment de sa vie, même lorsqu'on a bâti tout son projet de vie autour de son travail et qu'on se retrouve remercié du jour au lendemain après 25 années de bons et loyaux services.

Ce modèle de carrière et salarial je n'en ai plus voulu car il ne me correspondait plus.

C'est aussi pourquoi j'ai souhaité partager avec vous dans ces pages les stratégies qui m'ont permis de m'en détacher, pour que vous puissiez vous aussi devenir libre de vivre de la manière qui vous fait vraiment vibrer.

IX- A PROPOS DE L'AUTEUR.

Rémy Roulier est un ancien ingénieur informatique et responsable marketing dans une multinationale.

Il est aujourd'hui auteur best-seller, digital nomad et voyage partout dans le monde, ayant acquis depuis plus de dix ans une véritable expertise dans le marketing internet et le développement personnel.

Il partage aujourd'hui ses outils et son expérience pour permettre aux autres d'atteindre également leur indépendance financière et de façonner leur vie telle qu'ils la désirent vraiment.

X- CRÉATIONS DU MÊME AUTEUR.

Retrouvez-moi sur mon tout nouveau blog www.webmarketingfrenchie.com, sur lequel je partage mes stratégies pour vous aider à vivre de vos sites Internet.

Voici aussi quelques autres de mes créations qui peuvent vous être utiles :

CREER UN SITE WEB LUCRATIF EN 4 SEMAINES:
LA FAÇON LA PLUS RAPIDE DE CRÉER UN BLOG OU SITE INTERNET RENTABLE EN PARTANT DE ZÉRO.
Découvrez la façon la plus rapide et simple de créer un site ou blog qui vous rapporte entre 5000 et 10000 euros par mois en partant de rien. Une méthode pas-à-pas qui vous guide en 5 modules vers votre indépendance financière, en évitant toutes les erreurs des débutants.

DEVENIR RICHE EN FREELANCE SUR LE WEB:
POURQUOI 99% DES INDEPENDANTS ECHOUENT SUR INTERNET ET COMMENT REJOINDRE LES 1% QUI GENERENT DES REVENUS A 6 CHIFFRES.
Un livre que doit posséder absolument tout entrepreneur. Il vous explique comment bâtir votre business en freelance sur le web (ou ailleurs) pour éviter de devenir un indépendant qui croule sous le travail en ne gagnant que des miettes. Découvrez exactement comment s'y prennent les freelances qui cartonnent sans (trop) travailler, et reproduisez le même modèle qui leur permet de générer des revenus à 6 chiffres.

CONTENU DE MASSE POUR VOTRE BLOG:
1 HEURE/JOUR POUR CREER 7 ARTICLES, 5 VIDEOS ET 1 PRODUIT CHAQUE
SEMAINE ET CREER UN BLOG D'AUTORITE ULTRA RENTABLE.
Découvrez une méthode radicale et inédite pour devenir un créateur de contenu à 100% et créer 7 articles, 5 vidéos et 1 produit chaque semaine en ne travaillant qu'une heure par jour du Lundi au Vendredi. Commencez immédiatement et voyez votre trafic et vos revenus exploser.

CREER UN BLOG VIDEO SANS SE RUINER:
LA METHODE COMPLETE POUR CREER UN VLOG PRO (EQUIPEMENT,
DISCOURS, TOURNAGE, MONTAGE, VIDEO, DIFFUSION) SANS SE RUINER.
Tout ce que vous devez savoir pour créer un blog vidéo de qualité professionnelle le plus facilement possible, même si vous avez peu ou pas de budget. Laissez-vous guider totalement de l'équipement à la diffusion, et voyez des milliers de fans s'agglutiner et vos ventes exploser par vos vidéos irrésistibles.

ECRIRE UNE PAGE DE VENTE HYPNOTIQUE:
54 MINUTES CHRONO POUR ECRIRE FACILEMENT UN ARGUMENTAIRE DE VENTE FASCINANT ET VENDRE SUR INTERNET COMME UN PRO DU COPYWRITING HYPNOTIQUE.

Une méthode clés-en-main pour écrire facilement une page de vente hypnotique, et en seulement 54 min. Bien plus puissante que le copywriting ordinaire, utilisez-là pour "forcer" vos clients à acheter vos produits en les plongeant dans un état de transe hypnotique.

CREER UNE LANDING PAGE QUI CONVERTI:
TRIPLEZ VOS VENTES, EXPLOSEZ VOTRE MAILING LIST EN MOINS DE 15 MINUTES AVEC UNE SQUEEZE PAGE OPTIMISEE.

Une méthode complète pour créer une landing page en partant de rien et obtenir d'entrée de jeu des taux de conversion records à rendre jaloux les meilleurs marketeurs. Evitez les mois de tâtonnements interminables et les centaines d'euros dépensés pour trouver la meilleure version, en prenant ce raccourci tout de suite.

VENDRE EN VIDEO COMME UN PRO:
LA NOUVELLE FAÇON LA PLUS SIMPLE ET RAPIDE DE CREER UNE VIDEO DE
VENTE ET PAGE DE VENTE VIDEO QUI CONVERTI.

Découvrez un système complet et unique en pas-à-pas pour réaliser des vidéos de vente en partant de rien. De l'équipement à la création de votre argumentaire de vente, en passant par les techniques pour amener de la présence et pour minimiser votre temps de montage vidéo, vous saurez comment obtenir des taux de conversion record dignes des meilleurs marketeurs, de la manière la plus simple, rapide, et sans vous ruiner.

TUNNELS DE VENTE SOCIAUX:
GAGNER DE L'ARGENT SUR INTERNET ET DEVENIR RICHE AUJOURD'HUI
APRES L'EXPLOSION DES RESEAUX SOCIAUX (FACEBOOK, TWITTER...) ET
YOUTUBE.

Une véritable plongée dans la psychologie de l'acheteur d'aujourd'hui et une méthode pratique qui vous permet de créer un tunnel de vente tel qui fonctionne après l'explosion des réseaux sociaux. Convertissez ainsi sans peine vos prospects en clients, en acheteurs multiples, en fans et en véritables ambassadeurs de vos produits auprès de leurs amis pour étendre votre notoriété comme une trainée de poudre.

GERER SES EMOTIONS FACILEMENT:
LA MAITRISE DE SOI FACILE POUR MOBILISER SES CAPACITES (MOTIVATION,
CONFIANCE EN SOI...) A VOLONTE, INSTANTANEMENT.

Ne plus être esclave de vos états intérieurs (colère, stress, jalousie etc.) n'aura jamais été aussi facile et rapide qu'avec cette méthode qui va vous permettre de retrouver une parfaite maitrise de soi et de mobiliser instantanément n'importe qu'elle capacité.

TROUVER UNE NICHE LUCRATIVE SANS SE TROMPER:
LA NOUVELLE DEMARCHE POUR CREER UN BLOG DANS UN MARCHE DE
NICHE ULTRA RENTABLE ET DEVENIR RICHE DU 1er COUP.

Tout ce qu'il vous faut pour bien choisir votre marché de niche pour être sûr de réussir, et ne pas commettre les erreurs des débutants qui se retrouvent ruinés au bout de 6 mois ou 1 an car ils ont choisi leur marché de niche en se basant sur les mauvais critères.

LA COMMUNICATION EFFICACE EN 60 MINUTES CHRONO:
DECOUVREZ LES TECHNIQUES SECRETES DE LA COMMUNICATION VERBALE ET
NON VERBALE POUR BRILLER DES CE SOIR.

Devenez un pro de la communication dans tous ses aspects, aussi bien verbale que non verbale, en seulement 60 minutes chrono. Une solution clés-en-main, facile, pour résoudre définitivement tous vos problèmes de communication sans y passer des mois ou des années!

LA MEMOIRE FACILE INSTANTANEE:
AMELIORER SA MEMOIRE, MEMORISER COMME UN CHAMPION DES CE
SOIR SANS RIEN OUBLIER ET SANS EFFORTS.
Des exercices et stratégies faciles qui vont vous permettre d'utiliser vos
différentes mémoires à plein régime et mémoriser sans peine autant
d'informations que vous voulez...instantanément et sans les oublier,
comme le font les champions de la mémorisation.

TITRES QUI VENDENT:
DANS 47 MINUTES VOUS ECRIREZ DES TITRES FACEBOOK, ADWORDS,
BLOG, PAGE DE VENTE, EMAIL COMME UN PRO DU COPYWRITING!
Découvrez les secrets et les 101 meilleurs templates pour créer des
titres chocs qui vont vous rapporter (très) gros, et acquérir les
compétences des meilleurs copywriters en seulement 47 minutes!

VAINCRE SA TIMIDITE:
LA METHODE CHOC DES EXPERTS EN CONFIANCE EN SOIR POUR SORTIR
DE L'ENFER DE LA TIMIDITE FACILEMENT ET RAPIDEMENT.
Enfin une méthode pas-à-pas qui vous permet de vous libérer de votre timidité pour toujours, et d'obtenir ce magnétisme personnel que vous avez peut-être toujours cru réservé aux autres, tout ça rapidement et facilement.

SYSTEME AFFILIATION:
LA NOUVELLE FAÇON POUR ENFIN VIVRE DE SON BLOG PAR
L'AFFILIATION ET DEVENIR RICHE SANS CRÉER UN SEULPRODUIT.
Ce redoutable système d'affiliation est la preuve que l'affiliation fonctionne toujours à merveille pour les rares initiés qui savent l'utiliser de la bonne manière. Mettez enfin en place en seulement quelques jours une véritable machine à générer des revenus passifs sans jamais avoir à créer le moindre produit ni vous occuper du service après vente.

ECRIRE UN EBOOK IRRESISTIBLE EN UN WEEK-END:
LA NOUVELLE METHODE POUR ECRIRE UN LIVRE QUE LES LECTEURS
ADORENT, PRET A VENDRE LUNDI MATIN.

146

Laissez-vous guider par une procédure simple et d'une efficacité redoutable pour créer en seulement un week-end un ebook que les gens vont s'arracher, même si vous n'êtes pas expert dans un domaine.

COMMENT SE CONCENTRER COMME EINSTEIN:
LE SECRET DES ETUDIANTS PARESSEUX POUR DECUPLER LA CONCENTRATION ET
LA MEMOIRE AVEC LA TECHNIQUE DU DOCTEUR VITTOZ.
Ce best seller dans le top 100 des meilleures ventes d'Amazon vous montrera la technique jadis utilisée par Einstein qui vous donnera le pouvoir de vous concentrer sur ce que vous voulez aussi longtemps que vous voulez.

COMMENT REUSSIR VOS EXAMENS:
LE POUVOIR INEGALE DE LA DYNAMIQUE MENTALE POUR FINIR PREMIER DANS VOS ETUDES ET EXAMENS EN ETANT PARESSEUX.
Réussissez dès maintenant vos examens et vos études en découvrant la technique secrète utilisée par les plus grands sportifs internationaux. Spécialement adaptée ici à la réussite aux examens par des médecins et psychologues, elle vous propulsera parmi les meilleurs étudiants sans avoir à étudier davantage.

ACUPRESSION DE SECOURS:
SUPPRIMEZ IMMEDIATEMENT LE STRESS, LE MAL DE TETE, LE TROU DE
MEMOIRE PENDANT UN EXAMEN AVEC VOTRE DOIGT.
Soulagez vos douleurs et malaises immédiatement dès que vous en avez besoin et empêchez-les de vous faire rater un oral, un examen ou tout moment important de votre vie. 100% pratique, très clair et simple, ce livre est très certainement le meilleur investissement que vous puissiez faire pour votre santé et votre succès.

LA LECTURE RAPIDE EN 60 MINUTES CHRONO:
DOUBLER (OU TRIPLER) VOTRE VITESSE DE LECTURE N'A JAMAIS ÉTÉ
AUSSI FACILE!
Utilisez les meilleures techniques des lecteurs les plus rapides pour augmenter votre vitesse de lecture de 100% dès aujourd'hui.

LA RELAXATION ZEN PROFONDE:
LA VOIE ROYALE POUR LA LIBERATION EMOTIONNELLE ET LE LACHER PRISE.

L'outil parfait pour aborder les situations du quotidien sereinement, et reprendre le contrôle de votre vie et de vos émotions dans le lâcher prise.

NUTRITION DETOX:
BIEN MANGER POUR UNE VIE DE PURE ENERGIE, FORME ET SANTE.

Plus jamais vous ne vous empoisonnerez à la malbouffe, et apprendrez les principes alimentaires qui vous redonnerons une énergie et une qualité de santé au-delà de vos espérances tout en vous faisant économiser des dizaines d'euros tous les mois.

LE MIND MAPPING FACILE:
MEILLEURE MEMOIRE, PRISE DE NOTE RAPIDE, BRAINSTORMING, GESTION DE PROJET SANS EFFORT AVEC LES MIND MAPS.

Le Mind Map (ou carte heuristique) va révolutionner votre vie et votre mémoire en termes gain de temps, d'organisation et d'efficacité par un système puissant et redoutable de prise de notes et d'organisation de l'information autour de diagrammes basés sur la manière naturelle dont fonctionne votre cerveau. Un outil à posséder absolument.

L'ANGLAIS FACILE AVEC LE MIND MAPPING:
COMMENT APPRENDRE L'ANGLAIS ET N'IMPORTE QUELLE LANGUE
RAPIDEMENT SANS JAMAIS L'OUBLIER.
Si vous avez toujours eu du mal avec les langues ou que vous souhaitiez apprendre l'Anglais facilement et rapidement, cette méthode innovante basée sur le Mind Mapping va très certainement vous y aider.

L'ESPAGNOL FACILE AVEC LE MIND MAPPING:
COMMENT APPRENDRE L'ESPAGNOL ET N'IMPORTE QUELLE LANGUE
RAPIDEMENT SANS JAMAIS L'OUBLIER.
La même chose que pour l'Anglais, mais cette fois c'est plutôt si vous souhaitez vous rendre là où les gens parlent Espagnol et apprendre cette langue facilement et rapidement à l'aide du Mind Mapping.

COMMENT SAUVER SON COUPLE EN UNE HEURE:
LA NOUVELLE MANIERE POUR EVITER LA RUPTURE AMOUREUSE ET
CREER UNE PASSION AMOUREUSE INTENSE.

Avant de penser à rompre, découvrez d'abord ce programme qui a déjà sauvé la relation amoureuse de plusieurs milliers de couples et évité de grandes souffrances de rupture, en seulement une heure.

www.ingramcontent.com/pod-product-compliance
Lightning Source LLC
Chambersburg PA
CBHW051314170526
45166CB00002B/534